JN078547

『魂の暦』とともに

マンフレッド・クリューガー

鳥山雅代 訳

『魂の暦』とともに

水声社

Manfred Krüger, *Die Seele im Jahreslauf.*
Versuch, den anthroposophischen Seelenkalender zu meditieren.
© 2002 Pforte Verlag, Dornach/Schweiz.
© 2006 éditions de la rose des vents - suiseisha, Tokyo,
pour la traduction japonaise.
ISBN4-89176-569-0

目次

はじめに

1年の季節の流れのなかで

　ルドルフ・シュタイナーの〈魂の暦〉は四季を通じた瞑想の道です。この地上で生活する私たちが，地球と，そして宇宙と日々つながれるようにこの暦は書かれています。四季のうつりかわりをただ個人的な感情にひたりきって体験するためにつくられたのではありません。深まった思考──いわば瞑想を通して1年の流れを体験していくために書かれたのです。1年の流れは太陽の運行によって定められています。この〈魂の暦〉を通して，私たちは地球だけでなく「太陽」ともつながることができるといえます。「太陽」の本質を体験できるのです。

　古代の人間はこの太陽のなかに，高次の神の存在を体験していました。しかもその崇高な太陽のなかに「真の神なる姿」を見ていたのです。後にこの存在はさまざまな国で「太陽神」と呼ばれ，ヨーロッパの国では「キリスト」と呼ばれました。しかしR. シュタイナーのいう「キリスト」はヨーロッパに広がる「キリスト教」とはまったく違う性質を持っています。なぜなら人類のだれもが内に担う力だからです。宗教的宗派とはまったく関係のない存在です。太陽の光が地球上にくまなくそそぐように，この崇高な存在は人類全体のなかに浸透していきます。太陽の祭りが全世界であるように，どの人間のなかにもこの崇高な存在は生きているのです。この太陽の本質を担った存在は今から約二千年前，パレスチナのゴルゴタの上で死に，そして復活しました。シュタイナーは「人類史上初めて神なる存在が人間になり，死と復活を通して地球とつながった」と語っています。

そしてこの「太陽の本質を担った存在」を，彼は「Ich イッヒ」＝「自我」と表現しています。ですからこの『魂の暦』には「ゴルゴタの丘での自我誕生から1879年後」という不思議な響きの副題がついています（この暦の初版は1912年から13年に出版されました。ゴルゴタの丘で起こった出来事は彼が33歳のときですから，キリストの誕生から1879年後に刊行されたことを意味しています）。

　この〈魂の暦〉は瞑想できる形につくられています。しかしこのように瞑想しなければいけないとは彼はいっさい書いていません。「魂」という言葉を使うとき，必ず「個々の人間の魂はそれぞれの個性を持っている」ということが前提条件になるからです。だからこそ，どの人間の魂も「自分自身の認識への道」を見つけていかなければいけないのです。自己認識に向かいたいものが，「こうこうこうして瞑想したら自己認識を得られます」というのでは簡単すぎる，と彼は言います。みんなが杓子定規にまったく同じ「認識の道」をたどるのでなく，与えられた内容からよい刺激を受け，それぞれが自分の認識の道を見つけていくことが大切だと彼は言っています。

　もうひとつ大切なのは，私たち人間は自然界に依存していないということです。「真心のあたたかさ」は冬だけでなく，夏にも体験できるでしょう。「自己意識の確かさ」は秋だけでなく1年中体験できるはずです。夏になると思考活動がすっかりできなくなるということではありません。充分夏も思考ができるはずです。1年の流れのなかで，瞑想への意識がそれぞれ異なった働きをするということが，ここでは重要なのです。その意識は人間の自己認識を呼び覚まし，自然界さえも救出できる力に変わっていきます。『魂の暦』に書かれた季節の反対の季節をすごす南半球の人が，逆の暦を読む必要はありません。南半球では思考が輝くとき，まさに外の自然界の太陽も輝いているのです。ですから秋に春の暦を読む必要はありません。南半球では自分の内面で起きることは自分の外で起きていることなのです。もちろん南半球では，より高度な意識の取り組みを要求されることになりますが，はじめにいったように私たちは自然界に依存する必要がないのですから，すべての取り組みが可能になるはずです。

〈魂の暦〉では地球を人間としてみています。人間が呼吸するように地球も呼吸しているという見方です。春には地球は息を吐きだします。吐きだす息とともに植物が生えてきます。夏至に至るまで，息は吐きつづけられ，夏至のあと，ふた

たび息は吸われはじめます。いちばん活発に息を吸うのが秋です。冬はまさに吸った息を止めた状態にやってきます。これが冬至です。このとき地球は自分のなかにいっぱい力をためているといえるでしょう。キリストの誕生が，この時期にあるのも偶然ではないことがわかります。そしてふたたび春に向けて，地球は息を吐きはじめるのです。

*

1年の四季と祝祭を見ていきましょう。

冬のクリスマスと夏のヨハネ祭* はまったく対極の位置にあります。冬と夏は太陽の位置がいちばん異なっているからです。

イースター復活祭（イースター）** は春の季節です。ミヒャエル祭*** は秋に祝われます。春と秋は夏冬とは逆に，太陽の位置は同じ高さになります。ということは太陽の位置からいえば1年は3つに分けることが可能になるのです。8の字のいちばん上は夏至の頃，交差する真ん中は，春分と秋分，いちばん下は冬至，クリスマス。

これを8の字，レムニスカート〔13頁図版参照〕**** で表現してゆくことができます。

R．シュタイナーはミヒャエル祭を「逆になった復活祭」と表現しています。なぜならこの季節，崇高な神が復活するのではなく，いきいきと思考をしはじめた私たちの自我が復活するといっているからです。

ということはこの8の字，レムニスカートのなかには四季としての「4」の要素と，夏と冬の，そして両者の対極を補う春秋という，「3」の要素が同時に働い

---

*　　6月24日洗礼者ヨハネの誕生を祝う祭り。夏至のすぐあとにきます。〔訳者による註。以下，脚註はすべて同じ。〕
**　　第1週の註を参照。
***　　9月29日は大天使ミヒャエルの記念日。聖書のなかでは竜を天界から突き落とした勇ましい大天使としてたたえられています。人間のなかに勇気をもたらすお祝いの日とされ，未来の祝祭日だとR．シュタイナーも言っています。
****　　古代ギリシャの模様に使われていた横になった8の字の模様。永遠の象徴でもあり，つねに動きのなかに存在する象徴でもあります。

ているといえるでしょう。

　さらにこの8の字を見ていくと、〈魂の暦〉にも出てくるように緊張をもたらす危機の時期と、内面に調和をもたらす時期があることに気づきます。46週から7週の波をえがくこの曲線の時期は、緊張をもたらす時期といわれます。2月から5月にかけては人間にとっては注意しなければいけない時期なのです。たくさんの危機をもたらすような内容は〈魂の暦〉を読んでもよくわかるでしょう。逆に20週から33週は魂に調和がもたらされる時期です。8月の下旬から、11月の中旬以降に向けて魂に調和をもたらされていく様子が〈魂の暦〉にも現れています。

　秋、すっきりと澄みきった魂は明晰になり、しっかりと思考ができるようになります。輝く思考を通して自己意識は確かなものになります。そして自分の運命の本当の意味を知り、まわりに向かって謙虚に行動していく力が自分のなかから生まれます。

　冬にはその力は頂点に達し、魂は新たに崇高な精神の誕生を体験します。そして輝く聖夜の光は魂のなかで真心のあたたかさになり、人を愛する力に変わっていきます。そして人とのあたたかい愛と取り組みのなかで、魂は創造の力をはぐくんでいきます。

　春は魂が世界に広がり、それと同時に自分を失う危機を迎えます。思考の力も弱まりました。しかし一方で、予感という、インスピレーションの力が、私たちを助けてくれます。そのなかで魂は広がりながら、神なる存在と一体になったことを体験します。だからこそ夏、神なる存在から魂は高次の力をいただいているのです。そしてまた、夏に広がっていた魂は、秋にふたたび自分のもとに帰ってきます。

　このように豊かな1年の瞑想体験を通して、「私のなかの高次の私」と出会うことができるのです。R.シュタイナーは私たちにすばらしい「自己認識」への手がかりを授けてくれました。

　しかしこの暦には、物質的表現はまったく出てきません。もちろん第23週の秋の暦のなかに出てくる「霧のベール」という表現のような例外はありますが、そのほかはすべて「純粋な抽象的表現」でつくられています。なぜなら私たちの思考は物質的なものに向かってしまっては、精神的高まりに向かうことができな

息を吐きだす
ヨハネ祭

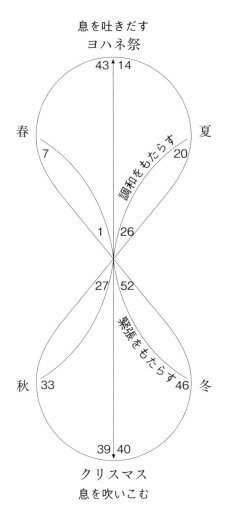

春

夏

調和をもたらす

7

20

1 26

43 14

27 52

緊張をもたらす

秋 33

46 冬

39 40

クリスマス
息を吹いこむ

[数字は週をあらわしています]

いからです。しかも抽象的であればあるほど，どんなひとびとにも受け取られる「普遍的性質」を暦は得られるようになるわけです。

　暦自体には宗教的表現もありません。キリストという言葉さえ出てきません。クリスマスという言葉も出てきません。もちろん「ヨハネ祭の雰囲気」，または「ミヒャエルの情景」という表現は出てきますが，それは「雰囲気」や「情景」というものであって，定まった「もの」ではないからです。

　なぜならこの暦は，全人類のためにつくられました。どの宗教に属するひとも，自分のやり方で自己認識の道をたどることを，R. シュタイナーは望んだからです。読者のイマジネーションが活発に動きだすように乾いた簡素な表現をここでは使っているのです。小さな子どもを例にとれば，つくりこまれた完璧な車のおもちゃはその子どもにとって「車」でしかなく，イメージ豊かに他のものになることはありません。まったく簡素な木の塊はその子によって車になったり船になったり大きな家になる可能性をもっています。イマジネーションがいきいきとその子どものなかで動きだします。

　同じように一見無機質で乾いた〈魂の暦〉は，私たちにいきいきとした思考をはぐくんでくれる大きな力を与えてくれます。文章が抽象的であればあるほど私たちの思考は自由に発展していけるのです。

　私の今回の取り組みは，読者が自分の力で思考への道をたどっていけるように，旅の始まりのわずかな道案内をさせていただくというものです。もちろん私の解説のなかにはイメージをもった物質的な表現がたくさん出てきますが，もし毎週読者のみなさんが暦を怠らずに読みつづけていったら，いつかはみなさん自身が，物質に依存しない純粋な思考を自分の力で展開してゆけるようになるでしょう。そうすれば私のこの解説は，いつかまったくいらなくなっていくと思います。瞑想は毎日続けてこそ，その実りをもたらすからです。

魂の暦

1912・13年版のまえがき

　宇宙とその時間の営みのなかで，人間は生きていることを感じています。自分
の本質のなかで人間は自分自身を宇宙の原像として感じ取っているのです。しか
しこの肖像は物質的象徴にこだわっている原初の像の模倣ではありません。大き
な宇宙の時間の流れと比較できるものは，時の流れの要素に当てはまらない，い
ったりきたりしながら揺れ動きつづける振り子としての人間の本質です。

　人間が感覚世界とみずからの知覚に身をゆだねるとき，まるで光と熱に織り成
された夏の自然界と同じ存在だと自分自身を感じるでしょう。また自分自身の基
盤を持ち，みずからの思考と意志の世界のなかで生きるとき，人間は自分自身を
冬の存在だと感じるでしょう。そのように人間においては内的になることと，外
に広がることのリズムが，自然界においては夏と冬の行き来するリズムにぴった
り合うのです。もし人間が，時を超越した自分の知覚と思考のリズムを，正しい
やり方で自然の時のリズムに関係させたら，真の存在の秘密が彼の前に解き明か
されていくでしょう。そのように1年は，人間の魂の活動の原像となり，そのこ
とを通して，人間は真の自己認識の豊かな泉に向かっていけるのです。この後に
続く1年の〈魂の暦〉のなかでは，人間の精神は次のような状況にいることが伝
えられています。それは週から週への季節の流れの情景のなかで，人間の精神が
自分の魂の織り成しを感じることができる状況です。ここでは感じながら自己認
識をすることが考えられています。この感じながら行う自己認識は，これから出

てくる週の特徴的な表現のなかで，魂の生活のサイクルを時間を超越したものとして体験することができるかもしれません。ここではっきり表明しておきますが，この〈魂の暦〉は自己認識に至る道のひとつの可能性として考えられました。神智学的な杓子定規な模範的「規定」としてもたらされるわけではありません。そうではなく，いつか体験できるであろう，もっといきいきとした魂の織り成す活動を表しているのです。魂という言葉を使うとき，必ず個々の人間の魂はそれぞれの個性を持っている，ということが前提条件になります。だからこそどんな人間の持つ魂も，自分自身の個性を持った認識の道を見つけていかなければならないのです。もし魂が自己認識の道のりを少しでもはぐくんでいきたいのなら，「こうこうこうしてここに教えられているように魂は瞑想せよ」ということでは簡単すぎます。すべての人が杓子定規にまったく同じ「認識の道」をたどるのではなく，与えられた内容から，よい刺激を受け，それぞれが自分の認識の道を見つけていくことが大切なのです。

ルドルフ・シュタイナー

18

1918年版のまえがき

　1年の季節の流れには生命(いのち)があります。人間の魂は，この流れる季節のいのちを共に感じることができます。1年の流れを生きてゆくなかで，週から週へうつりかわる言葉の表現を自分のなかに深めてゆきます。そうすれば季節のいのちを共に体験する人間の魂は，自分自身を見出すことができるのです。自分の内面から力が湧きだし，自分が育っていくことが感じられるでしょう。なぜならば，時の流れのなかで，宇宙進化の意識を共有することを人間の魂は行っているのであり，人間のなかに潜む力はみずからを目覚めさせられることを願っているからです。

　人間の魂の生まれ故郷である宇宙と，そして人間の魂のあいだをつないでいる繊細な，しかし深い意味をもった糸が〈魂の暦〉を読む人間の前に現れてくるでしょう。

　この〈魂の暦〉に出てくる言葉はそれぞれの1週間が1年の全体の流れのなかの一部として体験できるように表現されています。もしこの宇宙のいのちが人間の魂とひとつになるのなら，この1年の流れゆくいのちを魂のなかで響かせてゆけるのです。〈魂の暦〉のなかでは，まさにこの内容が表現されています。自分自身を正しく理解したいと思う人間の魂は，このような〈魂の暦〉を通して「宇宙の運行，自然の運行を共に体験する」ことを深く求めているのです。ですから

健全な形で自然の運行と「ひとつ」になり，そしてそこから生まれる力を通して人間は「自分自身を見つける」ことができるのです。

ルドルフ・シュタイナー

春

第1週　復活祭の情景

はるか宇宙のかなたから
太陽は人間の感覚へと語りかける。
そして深い魂のなかから湧き立つ喜びが
世界を見つめる人間の目のなかで，輝く光とひとつになる。
すると思考は自己の狭い枠から
限りない空間の彼方へと広がり
人間の本質と高次の精神を
かすかにつないでゆく。

Wenn aus den Weltenweiten

Die Sonne spricht zum Menschensinn

Und Freude aus den Seelentiefen

Dem Licht sich eint im Schauen,

Dann ziehen aus der Selbstheit Hülle

Gedanken in die Raumesfernen

Und binden dumpf

Des Menschen Wesen an des Geistes Sein.

復活祭です。

　復活祭の起源は，太陽神が地球とひとつになり，死する地球に新たな生命を与えるというお祝いです。実際キリスト教以前にも，古代の民族は，この時期，太陽の祭りを祝っていました。大いなる太陽に向かってその力をみんなでたたえたのです。実際に春分の日を境に太陽の光が闇に勝利を得ます。この時期人間は自然を見るごとに，太陽の力が強くなっていくのを確かに感じます。植物は暗い大地の奥深くから，光に向かって大地を突き抜けて上昇していきます。地球が今まで吸っていた息を吐きだしはじめたからです。息を吐きだしている様子はこの大地からあふれる植物の成長を通して体験できると思います。復活祭では，この太陽の崇高な力が地球のなかに入ってくることを意味しています。太陽と地球がひとつになること。崇高な神と人間がひとつになること。これが復活祭です。太陽が「人間の感覚」に語りかけるとき，人間の魂のなかでは喜びが生まれます。そして春の訪れとともに，生まれてくる新たな自然界を人間が体験するとき，太陽の言葉が人間の魂のなかに浸透していきます。この太陽の言葉が復活祭のとき，地球とひとつになったのです。しかも私たちの目も太陽のように活動する，とい

＊　　暦に付された日付は，初版刊行当時の復活祭（イースター）をはじまりとするものです。キリストの復活を祝うこの祭りは「春分のあとの満月のあとの日曜日」（イースター・サンデー）に祝われる移動休日のため，ある年は3月下旬だったり，ある年は4月上旬だったりというように，その年の天体上の月の位置によってひと月近くのずれが生じます。クリスマスのように特定の日に決まっているものと異なり，復活祭は，天体の運行に合わせた「宇宙的祝祭」といえます。ですから，〈魂の暦〉を読む際には，ここでの日付を現在の復活祭に合わせて適宜変更する必要があります。

　しかしながら，ある週が正確にいつからなのかに厳密になるよりも，生き生きとしたかたちで親しんで下さい。「今週は，この暦を読みさえすれば充分だ」ということではないからです。（著者によるあとがきも参照のこと。）

　ヨーロッパでは，復活祭の日の早朝に，丘や森，山などにゆき，日の出を体験する風習があります。子供たちは，その後，森や庭に大人たちが隠した卵を見つけだし，新たに誕生した生命のよろこびを家族とともに祝います。色とりどりに彩色された卵は，井戸のうえに飾られ，湧きでる生命の象徴とされます。このように復活祭は，春の訪れを祝う意味もあります。

　なお，ここで春夏秋冬の節目とされる時期は，一般的な暦に比べるとすこし遅いと感じられるかもしれません。しかし，実際の太陽と季節の関係を見てゆくと，この区切り方には深い意味があるとわかります。太陽の位置は夏至のときにいちばん高くなりますが，真夏はひと月ほどあとの7月の中旬から8月になります。シュタイナーは，「ある何かの力が作用するときは，その瞬間に作用するのではない」と言っています。つまり，「太陽が地球にもたらす本当の作用はあとからくる」のです。生命あるものはすべて，作用を受けるまでに時間を必要とするからです。

うことを聞いたら驚くでしょう。人間の「観る」という行いはただ単に光をとり
いれるだけではありません。人間の目は受身ではないのです。実際生理学的にも，
私たちがなにかを見ているとき，非常にたくさんの細い，目の筋肉の筋は信じら
れないくらい活発に動いています。

　ということは「観る」ということは私たちが魂の奥底から「光り輝く」という
ことなのです。このように冬の時期，魂のなかでしっかりと成長した人間の思考
は，狭い窮屈な自己のなかから，「空間のかなた」へと広がっていきます。自然
は新しく生まれ変わり，その自然に向かって人間は自分自身を開いていきます。
しかしそこで失われるものがあります。それは冬の時期に培われた明晰な意識で
す。広がっていく思考は「人間の本質と高次の精神」をどんよりとした，はっき
りしない形で結びつけます。なぜなら復活祭の力は，認識の力ではなく，「湧き
あがる生命の力」だからです。

　本当の「観る」行いのなかで人間の喜びは光とひとつになるのです。

（対極の暦　第52週）

外なる自然界の営みのなかで
思考はおのれの力を失った。
崇高なる世界精神は
人間の小さな芽を
ふたたび自分の世界のなかに見つけだす。
しかしこれから実りゆくものは
魂が自分で見つけていかなければならない。

Ins Äußre des Sinnesalls

Verliert Gedankenmacht ihr Eigensein,

Es finden Geisteswelten

Den Menschensprossen wieder,

Der seinen Keim in ihnen,

Doch seine Seelenfrucht

In sich muß finden.

早春の頃，自然を感覚することを通して，自然の持つ力が人間の内部に流れていきました。だからこそ世界精神*は，人間の目のなかに映しだされた自分自身を見たのです。同じように人間の内面の世界も，春，外の世界に向かって開いてゆきます。世界は人間とひとつになったのです。人間も世界とひとつになりました。しかしこの時期の人間の思考はまったく力がありません。なぜなら第51週にも出てくるように，初歩的な段階において，思考はこの地上界の写し絵でしかないからです。「物事を考える」といっているあいだは，私たちの思考は弱い存在です。しかもこの時期，力強い生命をもった外の自然界のほうが，私たちのひ弱な思考よりもよほど威力を持ちだします。ですから私たち人間はしっかりといろいろなことを区別する力を失います。

　人間が誕生するとき，魂は精神世界の高みから離れてこの地上に降りていきました。個性を持って自立した新しい芽になったといえるでしょう。この新しい芽を世界精神は再び見つけるでしょう。新たな人間の芽は，「外なる自然界の営みのなかで」自分自身の思考とともにみずからを失うほど広がっていったからです。

　シュタイナーは一般人間学の講座の第2章で「すべて意志から生まれた行いは，人間の死後小さな芽，いわば萌芽になる」といっています。逆に，世界の写し絵としての思考は誕生以前の過去の要素を持っていると言っています。物質的な考えを持っているあいだ，私たちは過去のなかで生きていることになるのです。

　さてこの季節，過去と未来が激しく渦巻く今この瞬間の現在に，私たちは生きています。しかしこれからの未来は，私たちの行動にかかっているのです。すべての行動は死後，萌芽になります。未来を担った萌芽になります。この小さな芽，萌芽が実りをもたらすためには，私たちは行動してゆかなければいけません。他力本願ではいけません。これから育っていく実りを精神世界の存在たちに見つけてもらうのではなく，「自分で見つけていかなければならない」といっています。それはいわば，「他者に任せるのではなく自分の力で創りあげなくてはならない」ということであり，私たちひとりひとりがしっかりと立つように，働きかける言葉なのです。

（対極の暦　第51週）

---

*　この世界に働く目に見えない崇高な力。人間よりも高次の領域に存在し，つねに人間に働きかけながら永遠の営みをつづける存在です。天使の階級ともいえますが，民族によって呼び方も変わってきます。民族にとらわれない普遍的な高次の存在を意味しようとしています。

成長してゆく人間の自我は
みずからを忘れていきながら
おのれの原点を思いつつ
大いなる世界に向かってこう語りかける。
「自分を縛りつけていたものが
おまえの世界のなかで自由になれば
私の真の存在が，今ここで解き明かされてゆく」

Es spricht zum Weltenall,
Sich selbst vergessend
Und seines Urstands eingedenk,
Des Menschen wachsend Ich:
In dir, befreiend mich
Aus meiner Eigenheiten Fessel,
Ergründe ich mein echtes Wesen.

自分を知りたかったらまわりを見よ。
　　世界を知りたかったら自分の内を見よ。

　深い意味を持つシュタイナーの箴言です。まさに春の時期，私たちに語りかけてくる言葉です。
　私という存在は，自分から生まれたのではなく，崇高な神から，崇高な世界から生まれました。だからこそ私の自我は崇高なものに向かって成長してゆく可能性があるのです。自分自身を忘れ，そこで自分の「原点」を考えるのです。
　今まさに私の自我は，自然界のいのちの湧きだすこの世界へと広がってゆきます。私の自我が外の世界に流れてだしてゆく——私自身が今，外の世界になったのです。
　冬の時期，私は自分のなかに入ってゆきました。そのなかで見えない危険にもさらされていたのです。思考をするなかで，しっかりとした個を確立する力をもったと同時に，息を吸ってばかりだと固まってしまうように，自分自身がかたくなな存在になっていったのです。まるで自分をみずから縛っていくように。自分自身をもつことの危険は，自分自身を縛りつけることです。
　自分を縛りつけているものは，ある意味ではエゴ的な存在であり，永遠の価値のないものにこだわることです。それが物欲であったり，地位や名誉などの場合もあるでしょう。この私自身を縛りつける規制から解放される道はただひとつ，私が精神的存在だということを成長する自我のなかで体験するということです。
　つまり春，かたくなな私自身から，私の「真の存在」を解放するために，いままで縛りつけられていたものを解き放っていかなければなりません。そうすることで私は，大いなる世界に向かって語りかけていくことができるのです。
　私たちが朽ち果てる自我を忘れていくと，ある瞬間，「永遠」を感じることができます。その体験は本当の私自身に出会える体験です。
　真の私という存在がここで誕生するのです。　　　　　　（対極の暦　第50週）

「私は自分の本当の存在を感じる」
感性はこう語り
太陽の明るい世界のなかで
満ち溢れる光とひとつになった。
そして明晰な思考に
あたたかなぬくもりをおくり
人間と世界をしっかりと
強くひとつにつないでいく。

Ich fühle Wesen meines Wesens:

So spricht Empfindung,

Die in der sonnerhellten Welt

Mit Lichtesfluten sich vereint;

Sie will dem Denken

Zur Klarheit Wärme schenken

Und Mensch und Welt

In Einheit fest verbinden.

この時期の私たちの意識は「思考する」のではなく，外の世界を感覚するなか
で自分の本質を感じています。みずからの感覚に身をゆだねていることになりま
す。

　春は思考する季節とはいえないでしょう。優しい陽だまり，色とりどりに咲き
誇る草花，小川のせせらぎ，優しい春風。自分の感覚をいっぱいに開いて，この
すばらしい春を体験していきたいと思います。心の喜びが外に向かって湧きだし
ていきます。

　それとは逆に，秋と冬に私たちは自分の内面で思考をしていました。外は暗い
冬景色でも，私たちの内側は明るかったのです。

　しかし今は，外の世界が明るくなります。太陽の光に向かって私たちの感覚器
官が開いていくのです。「私は自分の本当の存在を感じる」——これは「私」が
言っているのではありません。私の感性が言っているのです。感性のなかで思考
が失われます。感じること自体が本質的になってくるのです。太陽の光とひとつ
になり，満ち溢れるあたたかさを担った感性は，それをだれかに渡してあげたい
と思うようになったのです。だれに渡してあげようと思ったのでしょうか？　そ
うです，思考です。なぜなら思考は，はっきりとしたものであると同時に，冷た
いとも感じられるものだからです。しかも思考は時々ぬくもりのない行いをして
しまう危険性を持っています。ですから私たちが明晰な思考ができたとしても，
まだまだ人間として成長しているとはいえません。それではいったい，あたたか
な思考ができるのはだれでしょう。長い年月を生きてきたお年寄りの口からほと
ばしる言葉は，「長老の叡智」「おばあさんの知恵」といえるほど思考のなかにあ
たたかさが生きています。なぜならそこでは長い経験のなかで，思考のなかに豊
かな感情がはいりこみ，語られる言葉ひとつひとつが私たちのなかに深くしみこ
んでいくほど，真実味を持っているからです。すべてを包みこむ言葉のなかには
あたたかさがあり，深い認識を通して，豊かな知恵のある言葉がそういった方た
ちから生まれるのです。

「あたたかい思考」——これは私たちが求めてゆく最高の理想ではないでしょう
か。そこには寛大さがあり，畏敬の念があり，内面の調和が生きています。

　このあたたかな春，豊かな感性のなかで今，人間と世界がひとつになりました。
　これが春の季節の雰囲気です。

（対極の暦　第49週）

精神の深みから生まれる光のなかに
空間を豊かに織り成しながら
崇高な神々の創造が啓示される。
そのなかで大いなる世界の彼方へと広がり
狭い自己の内なる力を打ち破って
本当の魂が
今まさに，復活する。

Im Lichte das aus Geistestiefen

Im Raume fruchtbar webend

Der Götter Schaffen offenbart:

In ihm erscheint der Seele Wesen

Geweitet zu dem Weltensein

Und auferstanden

Aus enger Selbstheit Innenmacht.

光は精神です。高次の精神です。精神が世界を生みだします。

　もし光がなかったら，世界も宇宙も真の暗闇です。崇高な神の創造する世界は光のなかで生まれます。そしてこの光のなかで，魂は大きな世界へと広がっていきます。

　秋と冬は，魂に「内なる力」としての自律した自己をもたらしました。しかし自分自身をしっかり持った自己は狭いものとして感じられていました。しかもエゴや欲，地位や名声すべてが自分をがんじがらめにしてしまう危険性があることも体験しました。この狭い低次元の私は，この時期克服されなければいけません。R．シュタイナーは，どの人間のなかにも，もうひとりの自分がいることを語っています。しかもその自分はこの私よりも賢い自分であると。その賢い私は，運命の出会いをもたらし，大切なときには私を導き，必要であれば私を危機にさらさせてしまう存在です。ということはもしかしたら私のなかにいるもうひとりの私が，本当の私なのかもしれません。

　今週は本当の魂，真の私が復活する週です。第1週では神なる存在が復活しました。第5週では本当の私の魂が復活します。

　緑もえる季節のなかで真の魂は広がり，まさに今，復活を体験していくのです。

（対極の暦　第48週）

狭い枠から復活した
私の自己は
世界のすべてを明らかにしながら
時間と空間の力のなかでおのれ自身を見つけだす。
見渡す限り広がる世界はいたるところで
神なる原初の像としての
真の私の似姿を映しだしてくれる。

Es ist erstanden aus der Eigenheit

Mein Selbst und findet sich

Als Weltenoffenbarung

In Zeit-und Raumeskräften;

Die Welt, sie zeigt mir überall

Als göttlich Urbild

Des eignen Abbilds Wahrheit.

冬の時期，私たちは秋に得た自分の力を失うことなしに，高次の存在を自分の
なかに見つけました。春は自分自身を世界のなかに見つけます。しかし秋の時期
に得た狭い枠を持った自分は失われました。私は時間になり，空間になったので
す。ある意味では私を取りまくすべての存在になったといえるでしょう。

　　自分を知りたかったらまわりを見よ。
　　世界を知りたかったら自分の内を見よ。

まさにこの行いをするのにふさわしい季節がやってきました。
　早春の頃，私は崇高な精神の世界のための鏡でありました。今まさに世界が私
自身の鏡として私に仕えています。鉱物のなかにも，植物のなかにも，動物のな
かにも人間の存在が映しだされています。シュタイナー学校の子どもたちが動物
を学ぶとき，植物，鉱物を学ぶとき，彼らは自分自身を学んでいるのです。その
証拠に，はじめの博物学の授業は人間から始めます。そしてつねに人間と動物は
比較されながら進んでいきます。もし子どもたちが「すべての自然は自分自身な
のだ」という感覚を持つことができたら，未来の地球の資源や環境問題も大きく
変わっていくでしょう。
　明るい光，優しくそよぐ風，水の流れる音，色彩豊かに彩られた大地。この季
節，世界は崇高な原初の像として私の似姿を映しだしています。光も風も水も大
地も，すべてを私たちは持っています。世界は私の真実の似姿です。きゅうくつ
で凝り固まった自己は，ある意味では偽りの自分だといえるのです。

（対極の暦　第47週）

世界の光に強く引き寄せられ
私の自己は今まさに私から逃げ去ろうとしている。
だからこそ私の予感よ
思考の力に代わって現われ
おまえの正しい力を発揮せよ。
自然界の輝きのなかで
いま思考は，みずからを失おうとしているのだから。

Mein Selbst, es drohet zu entfliehen,

Vom Weltenlichte mächtig angezogen;

Nun trete du mein Ahnen

In deine Rechte kräftig ein,

Ersetze mir des Denkens Macht,

Das in der Sinne Schein

Sich selbst verlieren will.

春の中頃はもっとも危険です。同じような危険な時期がちょうど反対の2月の時期にありました。今週の春の中間期と冬の中間期（2月頃）は関係があります。1年の流れを魂は対極として体験しています。2月は人間を地上の物質のみにとどめておこうとする，アーリマン* が強く働く時期でした。冬の時期の魂の危機体験は「今まさに，この世界は魂のなかで生まれたばかりの力に麻酔をかけるように脅かしにくる」というものでした。

　春の時期は，次のような危機を体験しています。「世界の光に強く引き寄せられ私の自己は今まさに私から逃げ去ろうとしている」──これはまさに私たちを地上から引き離し，地に足がつかないようにしてしまう，光の堕天使ルツィフェル** の力が強く作用しているのです。

　ですから魂は1年の流れのなかで2つの危機にさらされます。

　アーリマンの硬化する危険。

　地上から引きはなされるルツィフェルの危険。

　しかし冬の時期は思考が記憶の力を通して第46週の暦のように「だからこそ，記憶よ深い精神の奥底から輝きながら現れでよ」と，硬化する危険から守られました。そして真の存在（崇高な精神の誕生）と結ばれます。春の時期はもう思考は威力を発揮しません。ですから思考に変わって自分を守るために新たな力が必要です。

　ここで登場するのが「予感」です。予感は浄化された感情であり，未来を予知する能力を持っています。まるで天使が予感として私にインスピレーションを送ってくれるように。しかし予感は恣意的に働いてはいけません。「浄化された感情」でなければいけません。私たちはこの無意識の予感に意識的であろうとしていかなければなりません。

　これから夏に向かって，予感が思考に変わって力を発揮してくれるでしょう。予感のためにはみずからを研ぎ澄まし，静寂を持つことが大切です。まるで自分

---

*　　古代ペルシャのゾロアスター教の時代から闇の神として知られています。人間存在を地上の物質的なものに凝り固まらせ，人間が精神的な存在にならないようにつねに働く力，その存在といえます。

**　　旧約聖書のアダムとイヴの楽園のなかで，蛇に姿を変えてイヴを誘惑した天使。人間存在をつねに地上から引き離し，陶酔のなかにおぼれさせる力をさします。しかしすべての芸術はこの力のおかげで存在するといえます。

のなかに器ができるようにです。私たちの魂のなかに予感が入りこむことのできる器がなければ，私たちの自己は輝く光のなかでみずからを失うことになります。予感の力を通して，魂は自分を失わないようにしていけるのです。予感は外界の自然には向かいません。そうではなく予感は崇高なる精神と取り組んでいるのです。

（対極の暦　第46週）

神々の創造の力が浸透し
自然界はますますその威力を増していく。
そして思考の力を
どんよりとしたまどろみのなかへと沈めていく。
もしも崇高な神の本質が
私の魂とひとつになりたいのなら
人間の思考はまどろみのなかで
静かにおのれを慎んでいなければならない。

Es wächst der Sinne Macht

Im Bunde mit der Götter Schaffen,

Sie drückt des Denkens Kraft

Zur Traumes Dumpfheit mir herab.

Wenn göttlich Wesen

Sich meiner Seele einen will,

Muß menschlich Denken

Im Traumessein sich still bescheiden.

春の意識はまどろむようにおぼろです。「春眠暁を覚えず」とは，よく言った
ものです。自然界の威力は激しくなっていくでしょう。春というよりは初夏とい
ったほうがここでは適切かもしれません。逆に私たちの思考はまどろんでいくの
です。この時期眠くなったり，ボーっとしたりするのはあたたかい自然界の威力
を私たちが感じているからでしょう。

　一方では先週も出てきたように，私たちはこの時期，「予感」，インスピレーシ
ョンを授かる可能性を持つのです。実際にキリスト教の祭りでもこの時期は，聖
霊降臨祭といって，キリストが昇天した後，インスピレーションを伝える聖霊を，
人間たちのもとに送りました。その聖霊の姿は宗教画では必ず「鳩」として表現
されています。ですから聖霊降臨祭のお祝いでは，子どもたちが紙でつくった鳩
をもつ光景がたくさん見られます。鳥は天と地をつなぐ使者だからです。ある意
味ではインスピレーションを鳩でイメージしているのです。

　インスピレーションを得るために，自己の思考はここで静かにおのれを慎まな
ければいけません。思考自身が静かに耳を澄まさなければいけないのです。もし
人間が自分から湧き起こる考えのみを第一にしていたら，崇高な精神は満たされ
ません。インスピレーションは「はっきりと明確に思考する」のではありません。
「はっきりと明確に感じとる」のです。インスピレーションに欠かすことのでき
ない要素は「器」であり「間」です。「間」がなければインスピレーションが入
りこむ余地がありません。私たちのなかにインスピレーションのための内的な
「間」をつくるのです。

「間」はどこに生まれるのでしょうか？　鍵盤で打たれた2つの音の間には，あ
る聞こえない真の音楽空間が生まれます。これがインターヴァルです。水星の力
に支配されたふたご座の象徴は，ポリックスとカストルの二人です。これも「間」
の関係です。水星いわばヘルメスは神の使いです。ということは二者の間をつな
げる伝達的存在です。神話や占星術で登場する人物や象徴はここでもインスピレ
ーション的「間」の存在です。意識がなくなり，どんよりとした思考は静かに慎
ましく耳を澄ましはじめます。そしてその瞬間から，崇高な精神を待ちのぞむ雰
囲気，いわば"間"がうまれるのです。　　　　　　　　　　　（対極の暦　第45週）

41

自分独自の意志の偏りを忘れ
私の精神と魂の本質は
夏の訪れを告げる世界のあたたかさに
満たされながら包まれる。
光のなかで自分を失うよう
精神の直観は強く私に要求する。
そして予感は厳しく私にこう告げる
「おのれを失え，おのれ自身を見つけるために」，と。

Vergessend meine Willenseigenheit

Erfüllet Weltenwärme sommerkündend

Mir Geist und Seelewesen;

Im Licht mich zu verlieren

Gebietet mir das Geistesschauen,

Und kraftvoll kündet Ahnung mir:

Verliere dich, um dich zu finden.

インスピレーションを無理やり得ることはできないのです。だからこそ「意志の偏り」は忘れ去られなければいけません。

　　光のなかで自分を失うよう
　　精神の直観は強く私に要求する。

　いったいだれがそれを要求するのでしょう。この状態は危険でないとはいえません。この直観をもつのは，光の担い手ルツィフェルです。対極の冬の暦に出てくるのは，「混乱しながら芽生えてくる世界のなかで」うごめくアーリマンです。それに対抗して向かっていくのは，自分の思考の創造的意志の力です。しかし今の時期は思考の代わりに，夏の世界のあたたかさが精神と魂を満たします。ですからいまの自分ができることは唯一，予感に向かっていくことのみです。復活祭からはじまった第1週から第13週の真ん中の第7週では，予感が思考の力に代わって活動することを要求されました。この第9週では予感は私たちにあることを告げます。その言葉は古代，秘儀が行われる場所で使われていた表現，「おのれを失え，おのれ自身を見つけるために」——です。私は自分を失います。しかしこの自分は，朽ち果てる，はかない物質的，感覚的なものに依存している小さな自分なのです。しかもこのはかない物質的世界，感覚的世界がまさに今週は輝いているのです。
　予感のなかに崇高な私の自我が現れます。ということは精神から私はふたたび生まれかわる可能性を持つのです。
（対極の暦　第44週）

夏の空へと天高く
太陽の本質が輝きながら上っていく。
私の人間的な感情を
限りない空間の彼方へと連れてゆく。
かすかに予感に満たされながら
私のなかで動きだす感性，まるでぼんやりと私に告げるように。
いつかおまえは気づくであろう
「崇高な神的存在が今まさに，おまえを感じていることを」

Zu sommerlichen Höhen

Erhebt der Sonne leuchtend Wesen sich,

Es nimmt mein menschlich Fühlen

In seine Raumesweiten mit,

Erahnend regt im Innern sich

Empfindung, dumpf mir kündend,

Erkennen wirst du einst:

Dich fühlte jetzt ein Gotteswesen.

もうすぐ太陽はいちばん高い位置にやってきます。

　しかし反対に私の意識はどんよりと沈んでいきます。私の意志の偏りを忘れ，さらに私の感情も，はるか高い世界の宇宙の彼方へ，太陽によって連れてゆかれます。

　今週は新しい予感としてある認識が伝えられます。「崇高な神的存在が今まさに，おまえを感じている」――とても神秘的な体験です。それはある意味，スピリチュアルな体験です。聖霊降臨祭の神秘を認識できる体験です。

　しかしまだ，これはおぼろな体験にすぎません。なぜならすべてを認識できる思考の力が私たちには欠けているからです。

　これを私が本当に認識できるのは，夏の暑さがなくなる秋と冬の季節です。夏の暑さと一体になっている私たちは，神なる存在を感じることはできても，認識することはできません。まるで母親に抱かれた子どもが，母親を認識できないのと同じです。認識は離れてはじめて行えるものです。距離がなければ認識はできません。感じるのみです。ですから自然界と一体になっている私たちは，この季節，かすかに動きだす自分の感性を感じることしかできないのです。

　しかし未来を知っている予感は私たちに告げてくれます――「いつかおまえは気づくであろう」，と。

　そうです！　未来を予感しているのです。

　このあとの秋と冬に起こる出来事を，すでに私たちに伝えてくれているのです。

　大いなる夏の暑さのそのさなかで。　　　　　　　　　　（対極の暦　第43週）

輝く太陽の時間のなかで
大いなる叡智をおまえは認識する。
世界の美しさに身をゆだね
おまえのなかでおまえを感じながら
みずからを失う人間の自我は
広がる世界の自我のなかにふたたび，自分自身を見つけだす。

Es ist in dieser Sonnenstunde
An dir, die weise Kunde zu erkennen:
An Weltenschönheit hingegeben,
In dir dich fühlend zu durchleben:
Verlieren kann das Menschen-Ich
Und finden sich im Welten-Ich.

未来を私たちに語る予感の声は，今週もさらに私たちに働きかけます。しかしはっきりと思考ができない私たちは，だれが自分に語りかけるのかがわかりません。

　冬の時期しっかりと担った自分自身はもういません。なぜならばその自分には，偏りがありすぎたからです。ある意味では，私は私を失わなければなりませんでした。エゴの克服を通して人間の低次の自我が消えていきました。だからこそ，「みずからを失う人間の自我」とここで表現されるのです。

　しかしまったくすべてがなくなったのではないのです。

　失うと同時に私は広がっていったのです。小川のなかにも，遠くの山々にも私はいます。海の彼方，空へ，最後には宇宙の彼方にまで私は広がりました。ですから，ふたたび大いなる宇宙のなかで自分自身を見つけだすことができるのです。個人的な自我を克服すれば，大きな自我を得ることができます。

　グリム童話のなかに「星の銀貨」というお話があります。貧しい女の子が出会う人出会う人に，自分のもっているものをすべてあげてしまいます。ついに何もなくなった女の子は裸になってしまいましたが，しかし最後にその子のもとへ天からまばゆいばかりの星の銀貨が降ってきます。まさにこの童話が今週の暦をイメージしているのではないでしょうか？

　自分を失うのではありません。本当の自分と出会うのです。

　小さな自我を持った自分から出ていくのです。自分から出ていけば本当の自分が見えます。そのなかで本当の私の自我は今，周囲にあることを体験するのです。太陽が輝く美しい自然のなかに身をゆだねながら，世界のなかに広がっていく私の自我は，真の自分を今そこに，見出してゆくでしょう。

　しかし，インスピレーションのように私たちに語る，予感の声とはいったいだれなのでしょうか？

（対極の暦　第42週）

世界の美しい輝きが
深い魂の底に生きる
私のなかの神なる力を
果てしない宇宙の彼方へと解きはなっていく。
私自身から私は離れ
信頼を持ってただひたすら
私自身を探しつづける。
世界の光とあたたかさのなかで。

Der Welten Schönheitsglanz,

Er zwinget mich aus Seelentiefen

Des Eigenlebens Götterkräfte

Zum Weltenfluge zu entbinden;

Mich selber zu verlassen,

Vertrauend nur mich suchend

In Weltenlicht und Weltenwärme.

この季節，世界は美しく輝きだします。真の美しい輝きは水の要素が大地に生きるときです。枯れ果てた砂漠では，輝くことはできません。昔の画家たちは好んで，水のあるところにすみました。印象派モネの睡蓮の輝きは水なしには語れません。彼は自分の家の庭に池をつくりました。エミール・ノルデは北ドイツの湿地帯で生活しました。表現主義の先駆け，カンディンスキーも南ドイツのアルプスに近いムルナウの湖のほとりで生活しながら制作意欲を湧かせていました。

　しかも今週は「ヨハネ祭の情景」という題がつきます。洗礼者ヨハネの祭りです。彼もまたヨルダン川の水でひとびとに洗礼を授けました。ですからこの季節，輝きと水とは本当に深い関係があるのです。

　今週はこの世界の輝きのなかで私のなかにある，崇高な神の生命が果てしない宇宙の彼方に解放されます。しかしいったい，崇高な神の生命とはだれでしょうか？　それがまさに先週，先々週と私のなかにインスピレーションをもたらしていたあの予感の声なのです。弱くなった私の魂はこの崇高な神の生命とともに宇宙の彼方へ解き放たれるのです。古代の偉大なる賢者たちのテーマは「おのれを失え，おのれ自身を見つけるために」でした。ということは夏の季節，いつも私たちは古代の賢者がした体験と同じような体験をしているといえるでしょう。新しい私を探すということは低俗ではない，崇高な高次の私を探すということです。しかも信頼を持ちながら輝く光のなかで私自身を探すことができるのです。

　洗礼者ヨハネはさらに私たちに語ります。これからの人間は水ではなく聖霊，いわば精神で洗礼を受けるようになる，と。ということは現代の私たちの洗礼は物質的なものに束縛されない「思考」のなかで行われるといえるかもしれません。

　この季節の情景のなかで，魂は洗礼者ヨハネの言葉に耳を傾けなければいけません。「おまえの今までの思考を変えてゆけ，天の世界が今まさに，近づいてくる」——と。

（対極の暦　第41週）

そして今，感覚界の高みにいる
私の魂の奥底で
精神の炎の世界から
崇高な神々の真実の言葉が燃えあがる。
「精神の深い根底で予感しつつ探求せよ
おまえ自身が霊的，精神的存在だ」，という言葉が。

Und bin ich in den Sinneshöhen,

So flammt in meinen Seelentiefen

Aus Geistes Feuerwelten

Der Götter Wahrheitswort:

In Geistesgründen suche ahnend

Dich geistverwandt zu finden.

今週は夏にうつりかわっていくときです。地球はまさに今，人間でいえば息を
すべて吐きだしたあとの，休止の状態です。大地が息を吐くように，たくさんの
植物が地中から生えてゆきました。今まさに，私たちの目に映る自然界は生命の
全盛期を迎えています。感じることのできる，目に見えるこの世界が，いちばん
高みにやってきたのです。私たちは感覚をいっぱい広げて，この目に見える世界
からたくさんのものを受けとることができます。

　しかしもう一方の魂の奥底では，まったく反対の動きが生まれようとしていま
す。なにかが熱く燃えあがるのです。崇高な神々の真実の言葉が熱く燃えあがる
のです。

　この魂のなかで「燃えあがる」この言葉はいったいどこから来たのでしょう。
「精神の炎」からです。私自身のいるところは真夏の光が降りそそぐ，「物質的感
覚界の高み」ですが，まったく逆の「精神の世界」が，魂の奥深くで燃えあがり
ます。崇高な神々の言葉が燃えあがっているのです。しかも今までのように語り
かけるだけでなく，燃えあがりながら，あることを要求しています。それはこの
物質的自然界がいちばん美しく輝くとき，地上の美のなかでうっとりと，至福の
時間に浸っているとき，私たち自身がこの「地上の存在」ではなく，「精神的存
在」なのだということを探求せよ，いわば「自覚せよ」と要求しているのです。

　ある意味では覚醒させるような言葉です。なぜなら，今いる太陽の降りそそぐ，
（海辺や，プールなどの）物質界のなかで，できればとっぷりとそれに浸ってい
たいときに「私たちは物質ではないんだ。私たちは精神的な存在だ」と，まるで
体をゆさぶるかのような言葉だからです。ある意味では私たちを俗的なところか
ら目覚めさせてくれているのかもしれません。　　　　　　（対極の暦　第40週）

夏

感覚界の美しい輝きに身をゆだね

私はみずからの本質的衝動を失ってしまった。

思考の夢はまるで

自己を奪うかのごとく私の感覚を麻痺させるようだ。

しかしすでに私を呼び覚ましながら

感覚界の輝きのなかで

世界思考が今まさに，近づいてくる。

An Sinnesoffenbarung hingegeben

Verlor ich Eigenwesens Trieb,

Gedankentraum, er schien

Betäubend mir das Selbst zu rauben,

Doch weckend nahet schon

Im Sinnenschein mir Weltendenken.

ちょうどこの時期は，1年のなかで地球が息を吐きだしはじめたときからふたたび息を吸いはじめるときへと移行していく時期です。ある意味では，私の魂がいちばん弱くなっている時期だといえます。なぜなら私は「本質的衝動を失って」「自己を奪うかのごとく」「感覚を麻痺させ」──と将棋だおしのように崩れ落ちていくからです。自然界に向かってうっとりと広がる私は自分のなかから生まれる，本質的衝動を失いました。

　しかも「思考の夢」はここでは盗人のように表現されています。なぜなら本当の思考は春の時期，沈んでいったからです。まるで白日夢を見ているようです。思考が夢の領域までぼんやりと沈んでいくからこそ，私自身を危うく失いそうになります。

　しかし，思考の夢はまるで私を襲うかのように現れてきますが，一見そう見えるだけです。私自身は奪われていません。なぜなら先週，感覚界に身をゆだねるなかで，みずからを精神的存在と感じることができたからです。しかも私たちはじょじょに近づきつつある世界思考* によって麻酔から目覚めさせられようとしています。世界思考は自分の思考ではありません。世界思考は崇高な存在たちの思考であり，この世界の創造主の思考です。この世界思考に取り組めば，私たちの思考も目覚めます。思考はバラのなかに，1本の木の形に，雪の結晶のなかにも生きています。あれだけすばらしい形が生まれるのは偶然ではないのです。大いなる存在たちの思考によって生まれたからです。

　夏はある意味で，「私が考える」のではなく，「神が世界を考える」時期なのでしょう。まるで古代の人の気持ちになったようです。夏の時期には，いにしえのひとびとの感覚がいちばん深く体験できます。しかしこの輝く世界のなかで私たちは，はっきりと観る行いをしはじめます。今私たちは精神を知覚することができます。なぜなら私たち自身が崇高な精神になったからです。(対極の暦　第39週)

---

*　　この世界に存在するものすべてを創造した力。大いなる客観的思考，神とも表現できます。万物のなかにはすべての思考が流れています。それは人間の思考を通して時計が発明されたように，この世界に存在するものは大いなる存在の思考を通してつくりあげられたといえます。バラの花が五芒星形，雪の結晶が六芒星形から成ることを認識する幾何学的思考は，ひとつの純粋な「思考」です。

まるで魔法がかけられたように私は
世界の輝きのなかで織り成す崇高な力を感じる。
それはおぼろな感覚のなかで
私の本質を包みこみ
力を私に与えてくれる。
私自身ではその力をみずからに与えることはできない。
なぜなら私の自我はもはや制限された中にいるのだから。

Ich fühle wie verzaubert
Im Weltenschein des Geistes Weben,
Es hat in Sinnesdumpfheit
Gefüllt mein Eigenwesen,
Zu schenken mir die Kraft,
Die ohnmächtig sich selbst zu geben
Mein Ich in seinen Schranken ist.

世界中で輝いているところはどこでも，精神が魔法にかけられています。海にも，山にも，一輪の朝顔のなかにも，物質として現れるもののなかには，必ず自然の精霊たちが閉じこめられているのです。

　夏の美しさは私たちを魔法にかけます。

　本当の私，いわば「私の本質」は，この輝く夏のプロセスのなかで「感覚のおぼろな中に包みこまれている」という体験をしています。それはまるで自分自身が無力になり，もう自分の力では自分を担っていくことができなくなるという体験です。

　一方世界に広がっていった魂は，大いなる自我の力を天の世界から贈り物として授かりました。ですから夏の自然界のなかで魂はこう思考します――「高次の神の世界から自分は生まれてきた」と。

　生まれたときに授かった私たちの生身のからだは，魂の宿る土台となり，その魂は秋と冬に高次の精神が生まれる深い土台をつくっていきます。しかし夏の今は，私の自我がまさに遠い世界へと広がっているのです。広がる中で私たちは力をいただきます。この力は自分でつくることはできません。天なる神の力だからです。

　しかしその力を意識して体験することは，今の私たちにはできないのです。なぜなら私たちの自我は魔法にかけられたようにまわりの世界へと広がっているからです。私たちが今唯一できることは，おぼろな意識のなかで「感じる」ことです。制限された自我を持った私たちは今，認識することができません。認識ができるときはこののちの冬の季節がきた時です。12月の聖夜には，崇高な精神の力が解き放たれ，夏にかけられたこの魔法がやがて解かれていくでしょう。

（対極の暦　第38週）

精神からの贈り物を心の奥に大切に秘めよ。
予感が厳しく私に要求する。
それは神の恵みが熟しながら
魂の奥底で豊かに
自我の実りをもたらす為だからである。

Zu bergen Geistsgeschenk im Innern
Gebietet strenge mir mein Ahnen,
Dass reifend Gottesgaben
In Seelengründen fruchtend
Der Selbstheit Früchte bringen.

先週授かった精神的な力を自分のなかで大切にしていく取り組みが始まりました。

　この週はじめて，「贈り物」という表現がでてきます。もしかしたら蒸し暑い夏のなかに身をゆだねる私たちは，つねに目に見えない贈り物をもらっているといえるかもしれません。無意識にいただいている贈り物。来週はその贈り物が，「宇宙の言葉」として表現されます。

　しかもいったいだれが「大切に秘めよ」と要求しているのでしょうか。思考に代わって私たちに働く「予感」です。しかも予感は私たちにいただいたものを大切に守るように厳しく，まるで命令するように要求してきます。予感はつねに私たちと未来をつなげます。ということは，今大切にしている「神の恵みといえる贈り物」がこれからどう変わっていくのか，もしかしたら予感は私たちに教えてくれるのかもしれません。大切に魂のなかで崇高な夏の贈り物をになうことによって，その力が自分の「自我の実り」になります。しかもその実りは秋の熟した「思考の実り」へと変化していくのです。

　夏の時期はまさに太陽の光の強い力とともに目に見えないさまざまな存在たちが私たちに力を与え，働きかけています。なぜなら私たちは世界に，宇宙に果てしなく広がっているからです。大いなる力をいただいていることを私たちは〈魂の暦〉を通してみずからのなかに深く体験することができるのです。

（対極の暦　第37週）

宇宙の言葉，世界の言葉が語りかける。

感覚の扉を通して

私の魂の奥深くにこの言葉をとりいれることができる。

「おまえの精神的，霊的深まりを

私の宇宙の，世界の広がりによって満たせ。

そしていつかきっとおまえのなかに

私を見つけだすときが来るだろう」

Es spricht das Weltenwort,

Das ich durch Sinnestore

In Seelengründe durfte führen:

Erfülle deine Geistestiefen

Mit meinen Weltenweiten

Zu finden einstens mich in dir.

自然界がいきいきと生命力を放つ夏。真夏の陽光は強く盛んで燃え立つようです。夏の力は大いなる賜物です。私たちは感覚器官をつかってこの夏の自然の生命力をいっぱいに見たり感じたりすることができます。しかしそこではただ単に太陽の光や緑の樹々など物質的なものだけをとりいれているのでなく，大いなる高次の力をもとりいれているのです。別の表現で言うと真夏の力のなかに身をゆだねながら，「宇宙の言葉，世界の言葉」を無意識にとりいれているのです。それを体験しているのが普段の日常生活では意識していない，私たちの魂です。

　春の第3週では私の自我が大いなる世界に向かってこう語りかけていました。

　　自分を縛りつけていたものが
　　おまえの世界のなかで自由になれば
　　私の真の存在が，今ここで解き明かされてゆく。

　さあ今週はその答えが返ってきます。今度は「宇宙の言葉，世界の言葉」が答える番です。

　　おまえの精神的，霊的深まりを
　　私の宇宙の，世界の広がりによって満たせ。
　　そしていつかきっとおまえのなかに
　　私を見つけだすときが来るだろう。

　真夏の世界のなかで自分が広がることによって，世界と自分が一体となり，自分自身が精神的に深まっていきます。そして自然のすべてが枯れていく秋から冬にかけてその体験は自分自身の内面の力となり，自分で自分を担っていける大きな力に変容するのです。夏には外の自然界の光だったものが，秋には魂の太陽の光となって自分の内面で輝いていくのです。外なるものは内になり，内なるものは外になります。その秘密を知っているのが，「宇宙の言葉，世界の言葉」です。だからこそ，その言葉は「おまえのなかに私を見つけだすときが来るだろう」とまるで予感するように私たちに語りかけてくれているのです。

（対極の暦　第36週）

私は魂を広げることができるのか？
受け取った宇宙の言葉の小さな芽と
つながることができるのか？
私は自分の魂を気高く築きあげるための力を
見出さなければいけないことを予感する
崇高な精神が宿ることのできる，衣としてのこの魂を。

Kann ich die Seele weiten,

Daß sie sich selbst verbindet

Empfangnem Welten-Keimesworte?

Ich ahne, daß ich Kraft muß finden

Die Seele würdig zu gestalten,

Zum Geisteskleide sich zu bilden.

夏の季節，私は自分の魂を世界いっぱいに広げました。

　しかしはっきりと目覚めた意識で思考することはできませんでした。

　ですからここで生まれる問いはまさに「魂を広げるなかで，世界の，宇宙の言葉とつながることができるのか」なのです。

　ここでふたたび予感が湧き起こります。健康な予感は感情を静かに研ぎ澄ましているときに起こります。その予感は「自分自身に取り組むのだ。自分の魂との問題に取り組んでいかなければいけない」と語ります。しかも私たちの魂が，「崇高な精神が宿ることのできる衣」になるように，と。

　精神の衣——これが魂です。

　古代ギリシャ人が「健康な身体には，健康な魂が宿る」と表現していましたが，アントロポゾフィーの人間の見方は，まさにこの「身体」「魂」「精神」と，人間が3つの要素から成り立っている，という見方です。「身体」という衣のなかに「魂」が宿り，魂という衣のなかに「精神」が宿ります。ということは崇高な精神が宿るためにはまさに「魂」を鍛えていかなければいけないのです。しかし現代の私たちはフィットネス・センターやスポーツの場で肉体としての体は一所懸命鍛えていますが，魂を鍛えるという取り組みにおいてはまだまだ進歩はしていません。その証拠に魂は少しの人間関係の摩擦が起きただけですぐ傷ついたり，落ちこんでしまうからです。

　肉体は40代で下降線をたどりますが，精神は40代から上昇していきます。美しい肌は衰えていきますが，美しい精神はまさにこれから花を咲かせます。40代は人生の転換期です。上に向かって上昇するか，肉体の衰えとともに奈落のそこに落ちていくかはその人間にかかっています。拙著『瞑想——芸術としての認識』に出てくるように，シュタイナーは人間の魂を鍛えていくためにさまざまな練習法「魂の6つの複式練習法」「12の月の美徳」を掲げています。この練習はすぐにでも行うことのできる練習です。私たちの魂を鍛えながら崇高で気高いものにつくりあげていきましょう。

　そうすれば受け取った小さな芽とつながっていけるでしょう。魂を鍛えていきながら小さな芽を育てていくこと。これが本当に宇宙の言葉の小さな芽とつながるということです。

（対極の暦　第35週）

まるで静かな秘密のように新しく授かったものを
記憶とともに包みこむ。
これが私のこれからの目標。
それは自分自身の力を強く
私の内面で目覚めさせる。
そしてこれから私を私自身に与えていくであろう。

Geheimnisvoll das Neu-Empfang'ne

Mit der Erinn'rung zu umschließen,

Sei meines Strebens weitrer Sinn:

Es soll erstarkend Eigenkräfte

In meinem Innern wecken

Und werdend mich mir selber geben.

夏のなかで神秘的に授かったもの。それは宇宙の言葉，大いなる力，いわば高次の贈り物です。秋に自分の内面の力になっていくものです。それを記憶とともに包みこむのです。

　記憶とともに包みこむ，ということは自分のなかに沈みこませていくことです。深めるなかで贈り物が自分のものになっていくのです。今週と対極の11月の暦第34週では，「昔から大切にしてきたもの」という表現が出てきています。昔からあるものはいきいきと動きださなければいけない，新しく授かったものは自分のなかに静かに深めていかなければいけない。

　私たちの人生に非常に意味のある言葉をシュタイナーは投げかけます。

　深めていくなかで自分自身が強く目覚めていきます。

　新しく授かった高次の力が私の奥底にある新たな私を目覚めさせようとしているのです。小さな自己顕示欲の自我は大きな世界の広がりのなかで失われ，そのなかで私の自我は弱くなりましたが，新たな力もいただきました。この新たな力が新しい私を目覚めさせているのです。ということは大いなる広がった自我が，私の新たな個としての自我をふたたび与えようとしてくれているのです。ですから「私を私自身に与えていく」と表現できるのです。大いなる広がった自我も，新しく目覚める個としての小さな自我も同じ「私」なのです。しかし本当に私自身がしっかり私を担えるようになるのは秋です。なぜならそのときには失っていった思考の力がしっかりとよみがえるからです。

　本当に自分を担えるときは，はっきりと目覚めた意識のなかで自分が思考しているときなのです。

（対極の暦　第34週）

私は今このように自分の存在を感じる。
自分が世界に，宇宙に存在するものから離れてゆけば
自分のなかで自分自身を消し去るであろうということを。
そして凝り固まった
自分の土台だけで築きあげようとしてゆけば
自分のなかで自分を殺すことになるであろうと。

So fühl' ich erst mein Sein,

Das fern vom Welten-Dasein

In sich, sich selbst erlöschen

Und bauend nur auf eignem Grunde

In sich, sich selbst ertöten müßte.

「自然は人間になりたい」——それが自然の真の目標でした。第50週ではその自然が，春の訪れとともに私たちに語りかけていました。世界は私たち人間がいなければ生きていけない。R．シュタイナーは最初のシュタイナー学校の教師を対象にした，一般人間学教育講座の第3講ではっきりと述べています。それは自然科学者の「人間なしでも鉱物，動物，植物は進化するだろう」という考えに対し，「それは間違っている」と言っています。「もし人間がいなかったら地球全体の進化はなかった」とまで言い切っているのです。

　シュタイナー学校の生徒たちは，動物，植物，鉱物を学びながら自分とは何かを知っていきます。世界すべては自分なのだという深い考えに到達するのです。彼らの意識はアフリカを助ける運動に向かい，自然環境問題やエコロジーを大学で学ぶ衝動に変わっていきます。彼らが毎朝はなす朝の言葉は，「私は世界を観る」から始まります。

　もし私たちが自分だけにこだわり，自己中心的になっていけば，地球の資源さえも平気で搾取していくようになるでしょう。いや，実際それは起きています。それはある意味で人間さえも搾取していることになるのです。

　私たちが世界，宇宙と一体にならなければ，まるで自分自身を消し去るのと同じだと，今週の暦はいっています。自分のみの力で人間は生きていくことはできません。何もない貧しい状態であったとしても，私たちは太陽の光をたくさん浴びて，月や星たちから力を授かり，大地の自然から恵みを貰っています。もしそれらの力をまったく貰わず，自分だけの力で生きようとするならば，自分のなかで自分自身を殺すことと同じであると今週は言っているのです。それは大いなる存在に対して，感謝の気持ちがなくなること，であり，畏敬の念がなくなることです。もちろんそれは自然界との関係だけでなく人間同士の関係にもあてはまるでしょう。感謝の気持ちや畏敬の念がなくなるということは，ある意味では自分自身を自分で殺すことになると，もしかしたらいえるかもしれません。

　輝く夏の光のなかで，私たちは自分を高慢な人間にさせる利己的な力に打ち克たなければいけないでしょう。光自体も強すぎれば真の正しい力を失うからです。

（対極の暦　第33週）

私は実りある見知らぬ力を感じる。
その力はしっかりと私に私自身を与えてくれる。
小さな芽が熟しつつあることに気づきながら
内面の自己の力のなかで
私の予感は光り輝きながら織りなされていく。

Ich fühle fruchtend fremde Macht

Sich stärkend mir mich selbst verleihn,

Den Keim empfind ich reifend

Und Ahnung lichtvoll weben

Im Innern an der Selbstheit Macht.

崇高な贈り物として私たちのなかにある大切なものが，今週実りをもたらします。

　私に「新たな私」が与えられるように，その実りは力をおくってくれます。しかしまだそれは「見知らぬ力」として，私のなかで働いています。私のなかにいる「もうひとりの私」を感じることができる週です。小さな芽は熟していきますが，まだまだ思考できる力は私たちにはありません。ですから予感の力が思考に代わって内面で強く働いているのです。

　「内面の自己の力」と「実りある、見知らぬ力」はここでは対照的に表現されています。「実りある、見知らぬ力」とは，ある意味で神なる崇高な力です。「内面の自己の力」は私たち人間の持つ小さな力といえるでしょう。

　ということは今週，崇高な神の力と人間の力の2つの力が私たちの魂のなかで働いているのです。

　さらにそのなかで「世界の言葉，宇宙の言葉の小さな芽」がすくすく自分のなかで育っていくことを感じます。そしてその育ちゆく芽は予感とともに「見知らぬ力」と「自己の力」とをつなげながら織り合わせていく織物のような役割を果たしていっているのです。

（対極の暦　第32週）

世界の彼方から来る光が
内面でさらに力強く動きはじめ
私の魂の光となって
精神の深まりのなかで輝きだす。
そして時の流れのなかで
世界の自我から，個としての人間の自我が
今ゆっくりと実りをもたらす。

Das Licht aus Weltenweiten,
Im Innern lebt es kräftig fort,
Es wird zum Seelenlichte
Und leuchtet in die Geistestiefen,
Um Früchte zu entbinden,
Die Menschenselbst aus Weltenselbst
Im Zeitenlaufe reifen lassen.

「世界の彼方から来る光」は春と初夏の季節にこの世界に光をそそぎました。

それがこの晩夏の時期においては自分のなかの光となって「内面で力強く動きはじめ」るのです。

この崇高な光は，私たちが夏，自分の感覚をいっぱいに広げてまわりを体験するなかで，自分のなかの「魂の光」へと変わっていきます。そしてそれはどこで輝きだすのでしょう。「私たちのなかにある精神の深まりのなか」で，です。

自然界のなかであたたかい太陽の光を通して実が熟していくように，魂の光のなかで「世界の自我から，個としての人間の自我」がゆっくりと熟成していくのです。

季節はもう，うつりかわっていきます。自然界の光が弱くなる一方で，私たちのなかにある光が輝きだし，秋には豊かな魂の実りがきっと，もたらされていくでしょう。

（対極の暦　第31週）

秋になり
はげしい夏の暑さがやわらいでいく。
明るい光のなかに
どんよりとした霧のベールがかかる。
私は広がる空間のなかで
秋が冬の眠りにつくのを見る。
夏は私に向かって
そのすべてをささげてくれた。

Es dämpfet herbstlich sich
Der Sinne Reizesstreben,
In Lichtesoffenbarung mischen
Der Nebel dumpfe Schleier sich,
Ich selber schau in Raumesweiten
Des Herbstes Winterschlaf,
Der Sommer hat an mich
Sich selber hingegeben.

夏の終わりを告げる晩夏の季節がやってきました。この時期，秋の訪れが感じられはじめるでしょう。

　「はげしい夏の暑さ」はやわらぎます。外の自然界の力がじょじょに弱まっていくのです。それは太陽の力が弱まっていくからです。さらに朝夕寒くなると霧があたりに立ちこめはじめます。寒さが訪れた証拠です。

　一方，精神的な知覚は「秋が冬の眠りにつくのを見」ています。自然が眠るのではありません。秋が眠るのです。まるで神話に出てくる目覚めの前のような状態を感じます。今はまだ秋は冬の静寂を見せているのです。とても神秘的な状態です。

　しかも夏もすべてをささげてくれます。夏自体も神話の存在だからです。魂は深い内面でこう感じています。「外にあった世界が今，内面の世界になった」と。

　春と夏に私たちは，広がる世界に向かってすべてを掲げ，身をゆだねていました。今度は広がる世界が私たちにそのすべてをささげます。なぜなら広がる世界はいままさに，「私のなか」にあるからです。　　　　　　　　　（対極の暦　第30週）

魂は休むことなくみずからを創りあげながら
おのれ自身をはっきりさせていく。
世界精神は自己認識を深めながら
新しくみずからをよみがえらせるために活動している。
そして魂の闇から個としての自分を確実に担う
意志の実りを創りあげる。

Sich selbst erschaffend stets

Wird Seelensein sich selbst gewahr;

Der Weltengeist, er strebet fort

In Selbsterkenntnis neu belebt

Und schafft aus Seelenfinsternis

Des Selbstsinns Willensfrucht.

夏に広がってゆく世界を見ていたとき，私たちはある意味では自分自身に向かっていました。私自身が世界に広がっていたからです。今度は私のなかの魂がみずからをはっきりと知覚していきます。自分自身をはっきりとさせていくのです。もう一方で高次の世界精神も，私のなかで自分自身を見つめていました。そして「自己認識を深めながら新しくみずからをよみがえらせるために活動している」のです。

　世界精神とはだれでしょうか？　それは普遍的な，大いなる神としての高次の霊的存在です。世界精神である神は，人間を自分の似姿として創りました。だからこそ，その世界精神は，自分自身の姿を私たちのなかで見つめることができるのです。私たちのなかとはどこのことをいっているのでしょう？　私たちの思考のなかではありません。私たちの意志のなかです。思考しているとき，私たちは世界を映しだし，神から遠く離れて存在しているのです。それとは逆におぼろな意志のなかでは驚くことに神なる世界精神が私たちのなかで活動しています。「意志」のなかに本来の真の私が生きているのです。そしてそれは世界精神の要素といえます。意志する自我が思考のなかで目覚めるとき，一方においてその自我は自分自身を創りあげ，もう一方においては世界精神がみずからの「自己認識」をおしすすめるのを助けます。そしてこれからの世界精神の発展をこんどは魂に任せ，「個としての自分を確実に担う意志の実り」を熟成させていきます。熟成はまさに秋の雰囲気を表しています。

　さあここでわかりました。世界精神は私たちの意志のなかでつねになにかを創造しているのです。秋，「意志」は「思考」とともに創造的な「行動」をこの世界にもたらしていきます。「自分を確実に担う意志の実り」は世界に向かって行動していくのです。これからは広がる世界ではなく私たち自身がこの世界をつくりあげていくのです。

（対極の暦　第29週）

やっと自分自身を取り戻した私のなかで
今まさに内なる光が輝きだし
時間と空間の闇のなかへと明るく広がっていく。
自然が眠りにつこうとするとき
深い魂のなかで目覚めが生まれる。
そして目覚めつつ熱い太陽の灼熱を
冷たい冬の寒気のなかへとそそぎこむ。

Ich darf nun mir gehören
Und leuchtend breiten Innenlicht
In Raumes-und in Zeitenfinsternis.
Zum Schlafe drängt natürlich Wesen,
Der Seele Tiefen sollen wachen
Und wachend tragen Sonnengluten
In kalte Winterfluten.

〈魂の暦〉を読みながら夏の体験をしてきた私たちのなかで，新たに次の言葉が響いてきます——「やっと自分自身を取り戻した」

　春の時期「予感」的な力は次のように働きかけました——「おのれを失え，ふたたびおのれ自身を見つけるために」

　ここでわかると思います。夏に自分を失った結果としてふたたび自分を得ることができたということを。

　春と夏，私たちは外の自然界の光のなかに身をゆだねていました。だからといって自分をまったく失ったわけではありません。それどころか自分よりももっと大きな力を授かることができたのです。

　このように夏の光はただ浴びられただけでなく，私たちのなかで内面化したのです。だからこそ，これから始まる秋と冬の季節に暗い時間と空間のなかで私たちの内面化した光は明るく広がっていくことができるのです。

　外の自然——地球は眠りにつこうとしています。自然のなかの木々の成長は止まります。だからこそ魂は目覚めなければいけないのです。私たちのなかにある，魂の力が必要です。

　秋は夏と冬をつなぎます。大地は夏の恵みを冬にもたらします。

　暑い太陽の灼熱，冷たい冬の寒気，まったく対極の状態です。

　今までは世界が私を照らしてくれました。これからは私が世界を照らす番です。自分の心のなかが強くなるこの時期，私たちは大天使ミヒャエルに目を向けることができます。勇気を持った大天使ミヒャエルが秋の季節に輝いているからです。

（対極の暦　第28週）

第26週　ミヒャエルの情景

大いなる自然よ，母なるいのちよ
私の意志のなかにあなたを担います。
そして私の燃えあがる意志の炎は
みずからの精神を剣のように鍛えあげ
そこから生まれた確実なる自己感情によって
自分のなかでしっかりと，
自分を支えていくことができるのです。

Natur, dein mütterliches Sein,

Ich trage es in meinem Willenswesen;

Und meines Willens Feuermacht,

Sie stählet meines Geistes Triebe,

Daß sie gebären Selbstgefühl,

Zu tragen mich in mir.

暑い夏の時期，太陽は高く輝いていました。しかし秋になって，太陽の位置はじょじょに低くなり，ちょうど春と同じ位置に下がってきました。1年をレムニスカートで表現すれば，8の字の上は夏，下は冬，そして真ん中の交差地点に春と秋がやってきます。春の祭りである復活祭と，秋の祭りは，深いつながりがあることがわかります。復活祭はどのようなお祝いだったでしょうか？　神なる存在キリストが死を克服し復活するお祝いです。自然界も同じように冬の死の時期を乗り越え春にむけて新たに復活します。

　では秋の場合はどうでしょうか？　自然はこれから枯れて死んでゆきます。しかし先週も出てきたように「いまやっと自分自身を取り戻した」私たち人間が，秋になって今度は新たに「復活」する番なのです。夏は輝く太陽のもとで私たちは自分自身を失っていました。私たちは無意識に崇高な神的力を授かっていたにもかかわらず，予感するだけで認識はしていませんでした。しかしまわりが涼しくなり，天高く澄み渡っていく空気のなかで自分自身を取り戻した私たちは，自然をはっきりと認識し，夏は自然の懐に抱かれていたのだと気づいたのです。だからこそ次のように言えるのです。「大いなる自然よ，母なるいのちよ」と。

　そして私たちは母なる自然を「意志のなかに」担っていきます。今，自分と自然が，はっきりと分かれました。もう一体化はしません。そして私たちは灼熱の夏の暑さを無意識のうちに意志のなかにとりいれていました。だからこそ今，自分のなかに生きるものを「燃えあがる意志の炎」と呼ぶことができるのです。まるで鉄が熱い炎のなかで打たれるように，精神は「燃えあがる意志の炎」のなかで打たれなければいけません。鋼は炎のなかで溶けることによって硬くなります。思い出してください，第9週では「自分独自の意志の偏り」は忘れられました。しかしそのなかで「偏った意志」は神秘の力によって夏の灼熱の炎のなかで鉄が打たれるように鍛えられ，偏りのない勇気をもった「意志の力」に変わったのです。鋼は灼熱の炎のなかで打たれたあと，ジューっと音をたてて冷たい水のなかに入れられます。そのように意志も認識の水のなかで冷やされていくのです。

　思考と意志が正しい働きをするとき，調和のある「確実なる自己感情」が生まれ，私たちはしっかりと自分を支えていけるようになるのです。行動する人間のなかで，大天使ミヒャエルは大きな力をもたらしてくれます。その彼がいつも手に持っているのがまさしく鋼の剣なのです。

（対極の暦　第27週）

秋

私の存在の奥深いところへ進んでいくと
なにかを予感させる強い力が働きだし
まるで自分自身が夏の太陽から贈られた
小さな芽のように見えてくる。
そしてその芽は，私の魂の力となって
澄みきった秋の情景のなかで
あたたかくいきいきと息づいていく。

In meines Wesens Tiefen dringen

Erregt ein ahnungsvolles Sehnen,

Daß ich mich selbstbetrachtend finde

Als Sommersonnengabe, die als Keim

In Herbstesstimmung wärmend lebt

Als meiner Seele Kräftetrieb.

もし私たちが本当の自然を知りたかったら，ひとりひとりの魂のなかに目を向けなければいけません。なぜならもう夏から秋へと季節はうつりかわったからです。夏，私たちは外の自然界に向かっていました。暑い夏の光をとりいれるだけではなく，高次の目に見えない力もそこで受け取っていました。

　その崇高な力は今，私たちのなかに存在します。しかもそれは思考の力になるのです。

　夏に外界に広がっていた私たちは秋になって，ふたたび自分自身を取り戻します。そして「なにかを予感させる強い力」を通して「まるで自分自身が夏の太陽から贈られた小さな芽のように見えてくる」という体験をします。

　しかしこの秋のミヒャエル祭の季節は，ただ単に夏のように「予感」を体験するだけではありません。

　私たちのなかに生きる小さな芽は活動しています。夏に贈られた種が秋，魂の大地のなかから芽を出しはじめたのです。

　自然界の植物の芽は秋，眠っています。人間の自我の芽は思考のなかで目覚めだし，私たちの魂を暖めます。

　それではいったい「なにかを予感させる強い力」とは何のことでしょう？　もしかしたら，本当の奥深くに存在する自分自身のことを言っているのかもしれません。

（対極の暦　第26週）

私のなかで新しい力がみなぎり
内面もいきいきと広がっていくのを感じる。
魂の太陽から生まれた
力に満ちた思考の輝きが
人生の謎を解きながら明るい光を放っていく。
そして希望の羽を弱めていたいくつかの願いが
今ここでかなえられていく。

Ich kann im Innern neu belebt
Erfühlen eignen Wesens Weiten
Und krafterfüllt Gedankenstrahlen
Aus Seelensonnenmacht
Den Lebensrätseln lösend spenden,
Erfüllung manchem Wunsche leihen,
Dem Hoffnung schon die Schwingen lähmte.

外の自然界と私たちのなかでは今反対のことが起きようとしています。

　外の自然界は今，秋です。しかし私たちの思考の力は今，春を迎えています。いったいなぜでしょう。

　もみじの赤，イチョウの黄色といった秋の紅葉は晩秋の訪れとともに終わり，いずれ冬がやってきます。自然界はすべて枯れ果て，やがて雪に埋もれていくでしょう。

　しかし私たちの思考の力は今，まるでつくしやタンポポが春の大地から出てくるように4月を迎えているのです！

　つまり外の自然界と逆のことが，まさに私たちのなかで起きているのです。春と夏の自然界が生命に満ち溢れている時期は，私たち自身は明確な思考をすることはできませんでした。どちらかというとおぼろな意識だったといえるでしょう。

　しかし夏に降りそそいでいた太陽の光が，これから私たちのなかで輝きだすのです。つまり私たち自身が太陽になるのです。私たちのなかが明るくなるからこそ，私たちははっきりとした思考をすることができるのです。その思考は私たちに人生の謎を解く手がかりを与えてくれます。

　　希望の羽を弱めていたいくつかの願いが
　　今ここでかなえられていく。

　希望が羽を羽ばたかせるためには，強い意志が必要です。自分でしっかり行動しようという，強い意志を持たずに，だれかまわりの人に自分の願いをかなえてもらおうと思っているあいだは，希望は衰弱する傾向を持ちます。この秋の時期，私たちの自我の力がしっかりと働きだし，他力本願ではなく，自分自身で行動することをしはじめれば，私たちの希望の羽はふたたび，羽ばたきはじめるでしょう。

（対極の暦　第25週）

内面の思考は光を放ち，
ますますその輝きを増していく。
大いなる世界精神のもとで
夏に体験したことの意味を
深く追求していきながら。
それらの行いはすべて，夏から贈られてきた物であり
秋にはそれが自分のなかの静寂となり，
そして冬には希望となっていくのである。

Sich selbst des Denkens Leuchten
Im Innern kraftvoll zu entfachen,
Erlebtes sinnvoll deutend
Aus Weltengeistes Kräftequell,
Ist mir nun Sommererbe
Ist Herbstesruhe und auch Winterhoffnung.

光はすべてのものを明るく照らします。光がまったくなければ私たちは何も見ることができません。真っ暗な闇のなかです。

　私たちの思考も輝く光です。私たちの心のなかを明るく照らしてくれます。認識はなにかが明らかになることです。ということは私たちの心のなかが明るくなるのです。ただ単に感情のなかにおぼれている限りでは，心のなかは明るくなりません。自分のなかが明るくなるということは，たくさんのことが見えてくるということです。しかも見えてくるもの同士の関係もはっきりしてきます。ですから本当の認識は自分のなかを明るく照らすだけでなく，すべてのものをつなげてくれるのです。「ああこういうことだったのか」と理解する瞬間は，いろいろなものがつながるわけです。すなわち思考している自分自身もよりいっそうはっきりとしてきます。

　　内面の思考は光を放ち，
　　ますますその輝きを増していく。

　この行いをするのにふさわしい季節がまさにこの秋の時期です。

　ではいったい，この思考するための力を私たちはどこから得ているのでしょう？

　それは大いなる世界精神からです。夏に，私たちはこの世界精神からたくさんの力を無意識に受け継いでいたのです。

　夏から贈られてきたものを自分のなかで鎮め内面化します。そしてそこで熟されたものが，冬，創造力に満ち溢れた自分のなかの希望となるのです。

（対極の暦　第24週）

思考の豊かな実りが
魂の太陽の光のなかで熟成されていく。
自己意識がはっきりと目覚めていくなかで
自分のなかのすべての感情が変わっていく。
秋の精神の目覚めを
喜びながら私は感じている。
冬は私のなかに
魂の夏を目覚めさせるであろう。

Es sprießen mir im Seelensonnenlicht

Des Denkens reife Früchte,

In Selbstbewußtseins Sicherheit

Verwandelt alles Fühlen sich,

Empfinden kann ich freudevoll

Des Herbstes Geisterwachen,

Der Winter wird in mir

Den Seelensommer wecken.

思考の力は生命の力と同じ働きをしています。

　植物が形を変化させながら育っていくように，私たちの思考も成長し，発展していくのです。外の自然界では植物が生長し，私たち人間のなかでは思考が成長していきます。

　この時期，私たちのなかで太陽が輝きだしました。思考の果実が熟れていきます。

　しかもこの思考は自分の力でなされたものです。ということは今，自分が積極的に活動し，強くなっていきます。しかもそのことによって，私の感情さえも確かなものに変化していきます。

　今まではおぼろな予感だったものが，これからははっきりとした認識に変わっていくのです。秋に「自然界の眠り」は私たち人間の「精神の目覚め」になるのです。

　この秋の時期，なにかをやろうとする意志の力は，思考の力と結びつき，明確な思考のなかで私たちの感情もはっきりと確かなものになっていきます。熟した思考の果実は，夏の世界精神とつながり，冬，自己認識のきっかけをつくる原動力になります。

　冬，私たちのなかで「魂の夏」が始まります。ならばこの秋の時期はまさに「魂の春」といえるでしょう。

（対極の暦　第23週）

光は精神の奥深くから
まるで太陽のようにその輝きを放ち
生命の意志の力となって
無意識の自己の感覚に明るい光を与えてくれる。
魂はそのなかでみずからの力を解き放ち
創造への大いなる力となって
人間の仕事のなかに豊かな実りをもたらしていく。

Das Licht aus Geistestiefen,

Nach außen strebt es sonnenhaft,

Es wird zur Lebenswillenskraft

Und leuchtet in der Sinne Dumpfheit,

Um Kräfte zu entbinden,

Die Schaffensmächte aus Seelentrieben

Im Menschenwerke reifen lassen.

精神の奥深くから来る光の源泉はどこでしょうか？

　はるか宇宙の彼方です。

　輝く夏の光は崇高な力となって降りそそぎ，私たちに物質的光だけでなく，精神的光をも授けていたのです。

　今週はその光が私たちのなかで輝きます。私たちのなかに，あの真夏の太陽が輝いているのです。その輝きは生命の意志の力に変わり，私たちが行動していく原動力になっていきます。さらに無意識な自己の感覚に光を与え，私たちの身体の奥深くにまどろんでいる意志の力を目ざめさせます。その力がまさに創造への大いなる力に変わっていくのです。

　私たちのなかで熟された思考は，行動していきたいという意欲に充ちます。まるで炎のようです。人間の仕事が豊かに実る大きなチャンスです。

　秋のこの時期に，私たちは本当に「認識を通して行動できる」人間に近づくことができるのです。

（対極の暦　第22週）

私は実りゆく自分の力を感じる。
その力は強くなりながら
まわりに向かって行動できる自分をつくる。
自己の存在が力に満ち溢れ
私自身がはっきりとしたものに向かっていく。
人生の運命の織り成すなかで。

Ich fühle fruchtend eigne Kraft

Sich stärkend mich der Welt verleihn,

Mein Eigenwesen fühl ich kraftend

Zur Klarheit sich zu wenden

Im Lebens-Schicksalsweben.

秋のこの時期，柿や栗，りんごだけが実るのではありません。自分の力も実っていくのです。夏の時期，その力はまだ見知らぬ力でした。対極の暦の第21週は，「私は実りある，見知らぬ力を感じる」でした。

　どうして自分の力になったのでしょう？

　そうです，それは私たちがわずかでも思考する努力をしたからです。

　先週の暦では思考をしながら行動する能力についても学びました。

　行動するとき，必ずその結果が生まれます。まわりに対して影響をもたらすということです。結果は運命になります。自分がやった行いは，ほかの人の運命にも影響してしまいます。自分の行動は次の行動の原因をつくってしまうのです。今やっている行動は過去の行動に原因があります。もちろんそれと同時にこれからの行動の原因もつくっているのです。ここで生まれるのがカルマです。

　ですから行動するとき，つねに思考することが重要になってくるのです。思考することで自己の意識を広げるのです。「いま自分がやっていることははたしてこれから，まわりの人にどんな影響をもたらすのか？」，つねに考えるのです。しかし考えすぎて動けなくなるのも問題です。しかも動かないということも「行動」です。「行動しつつ考える」，「考えながら行動する」ことが何よりも大切なのです。

　そうすれば私たちは，自分のなかがどんどん明確になってくるでしょう。そしてそのなかで，それぞれがそれぞれの人生の課題を突き止めていくことができるのです。私たちがこの人生で共に生きる人とは赤い糸だけでなく，さまざまな糸で結ばれ，私たちはお互い織り成しあっています。この織り成しあう糸が私たちの行動です。

　行動を通して私たちはつながりあっているのです。

　この秋の深まりのなかで，私たちは自分の人生の真の課題にもしかしたら出会うことができるかもしれません。

（対極の暦　第21週）

私は今このように世界を感じる。
それは自分自身の魂がかかわらなければ
この世界は空虚な凍りついた生命(いのち)しかなく
いきいきとした力は現れてこないということを。
世界は人間の魂のなかで
みずからを新しく創造していきながらも
おのれのなかにあるのはただ，死のみである。

So fühll' ich erst die Welt,
Die außer meiner Seele Miterleben
An sich nur frostig leeres Leben
Und ohne Macht sich offenbarend
In Seelen sich von neuem schaffend
In sich den Tod nur finden könnte.

夏の時期はまわりの世界なしでは，自分の存在は考えられませんでした。しかもまわりの世界なしで自分自身を築きあげてしまえば，自分で自分を殺すことと同じでした。私たちは世界を，まわりを必要としていたのです。

　しかしこの秋の時期，今度はまわりの自然界が私たちを必要としています。自然は今まさに枯れ果て，生命を失っていくからです。

　しかし私たち自身は，自分のなかに太陽を担っているので，しっかりと力強くいきいきとしています。だからこそ自然は，私たちを必要としているのです。

　人間なしには自然の存在は考えられません。自然は人間の魂が共に体験してくれるのを望んでいるのです。枯れゆく自然界に向けて瞑想をとおしてかかわっていけば自然の本当の魂は復活できるかもしれません。それをしなければ私たちのまわりにある自然界は，ただ単に死ばかりの世界です。

　この秋の空の下で，落ち葉のにおいや冷たい北風，木立に沈む夕日と，私たちは深くつながっていきます。

（対極の暦　第20週）

まるで静かな秘密のように，
昔から大切にしてきたものと
新しく生まれた自己の力がひとつになり
内面でいきいきと動きだすのを感じる。
それらは，眠っている世界の力を目覚めさせ
自分の人生の課題のなかへと流れていく。
そしてこれから，私自身が真の存在のなかへと
刻印されていくであろう。

Geheimnisvoll das Alt-Bewahrte
Mit neu erstandnem Eigensein
Im Innernn sich belebend fühlen:
Es soll erweckend Weltenkräfte
In meines Lebens Außenwerk ergießen
Und werdend mich ins Dasein prägen.

夏，私たちの心は広がっていました。

　そこではたくさんの新しい力を太陽の光とともに授かりました。

　秋，私たちの心は内面に向かいます。内面を見つめるなかで自分が昔から大切にしてきたものに出会います。もし昔から大切にしてきたものが，新しい力によりいきいきとしはじめたとしたら，人間は本当に創造的になっていきます。昔からあるものは思い出され，新たに取り組まれ，変化し，いきいきとしていくものです。もしそれをしなかったら，古いものはただ単にさびのようになり硬化していくだけです。

　新しいものは実は古いものなのです。新しいフォルムに変化した古いものなのです。

　この時期，世界は私たちに何も与えてくれません。今度は私たちが世界をつくりあげていく番です。夏の時期に授かった崇高なる世界の力を通して，この世界を切り開いていくのです。

　私の行動はしっかりと刻印されます。刻印されるからこそ，死後も私たちの行動はなくならないのです。刻印される場所は，霊性を持った宇宙の世界です。真の存在はその世界にあります。そうです，私たちの行いは秘かに刻印されていくのです。

　私たちのこの地上界での取り組みのみが，永遠のなかに刻まれていくのです。

（対極の暦　第19週）

私は真の存在を認識することができるのか。
みちあふれる創造行為のなかで
その存在をふたたび見つけだすことができるのか？
私は力を授かったことを感じる。
それは自分自身がこの世界のなかで
手足となって謙虚に活動していく力である。

Kann ich das Sein erkennen,

Daß es sich wiederfindet

Im Seelen-Schaffens-Drange?

Ich fühle, daß mir Macht verliehh'n

Das eigne Selbst dem Weltenselbst

Als Glied bescheiden einzuleben.

私の魂のなかで世界が新しく創りあげられていくことを感じます。しかも，私のなかに昔からあるものは新しい力を授かり，生まれ変わりました。しかし，真に存在するもの，本当に存在するものは，私のなかの「みちあふれる創造行為のなか」にあります。今度はそれを認識してゆかなければいけません。だからこそ今週の暦は，その認識への問いから始まります。「私は真の存在を認識することができるのか」と。

　先週は，永遠に残っていくものは人間の行動だと話しました。だからこそ，まったく朽ち果てず，永遠のいのちをもてる本当の存在は，「みちあふれる創造行為のなか」に見つけだすことができます。世界は完成されたものではありません。つくりかえていくことのできるものです。人間の力で変化させていくのです。私たち自身も，ある程度の成功や，まわりから認められた評価のなかで，無意識にでもその上にあぐらをかいて，自分の成長を止めてしまうかもしれません。しかしそこにはもう，真の存在はありません。自分に取り組み，自分を変えていこうと努力するなかに永遠の存在は生きるのです。それは頭で理解することではありません。深い気持ちのなかからその認識は生まれてこなければいけません。認識にむかって思考をすると，そこから深い気持ちが生まれ，行動するための決断がなされます。思考―感情―意志です。

　そこから生まれた行為は自分の思考と感情とひとつです。だからこそ大きな力を得たことを自分は感じるのです。秋に得た自己の力にまた大いなる力がこの時期，加わりました。しかしここでの危険は，力を得た自分が偉そうになってしまうことです。小さな権力をふるってしまうかもしれません。だからこそ，謙虚に取り組んでいかなければならないのです。まわりを批判しながら自分の小さな権力を振るうのではなく，まわりのなかに入っていき，そこで自分が手足となって謙虚に活動していくのです。そうすればどんなことがおきたとしてもこの世界のなかで，自分自身を失うことはなくなるはずです。本当の強さは謙虚な自分自身のなかにあるのですから。

（対極の暦　第18週）

私の本質の奥深くで
なにかを強く働きかけるように
神秘に満ちた宇宙の言葉が語る。
「おまえの仕事の目標を
私の精神の光で満たせ
そして私を通しておまえ自身をこの世界に捧げるのだ」

In meines Wesens Tiefen spricht
Zur Offenbarung drängend
Geheimnisvoll das Weltenwort:
Erfülle deiner Arbeit Ziele
Mit meinem Geisteslichte
Zu opfern dich durch mich.

新約聖書のヨハネの福音書は，「初めに言葉があった。言葉は神のもとにあった。言葉は神であった」という言葉ではじまります。もちろんそれは神ではなく，天使といってもいいかもしれません。実際にマリアに受胎告知を行うのは大天使ガブリエル＊です。

　今週は宇宙の言葉が語ります。神の言葉，ロゴスが聖夜に誕生するからです。「言葉は人間になった」とつづけてヨハネが言うように，言葉は崇高な神なる存在であり，力です。日常生活のなかでその崇高な力を使っていることを私たちは忘れてしまっているのです。ギリシャ語のロゴスは「思考」と訳されたり，「行動」や「力」と訳されたりもしました。このロゴスがクリスマスに生まれるのです。夏の対極の暦のとき，このロゴスが「おまえの精神的，霊的深まりを私の宇宙の，世界の広がりによって満たせ。そしていつかきっとおまえのなかに私を見つけだすときが来るだろう」といっているのです。

　春と夏の季節に私たちは自分自身を失いかけました。自分を失ってしまってはまわりに自分を捧げることはできません。自分自身をしっかりと担わなければ，捧げる力はもてないからです。ですから大天使ミヒャエルの力が必要でした。第26週は，「自分のなかでしっかりと，自分を支え」ることをしました。ということは，この自分のなかにいる「本来の自分」がロゴスの力といえるかもしれません。この力が復活祭のときみずからを犠牲にするのです。それは何を意味しているのでしょう。自分の仕事のなかにロゴスである精神の力が生きていなければいけません。本当に精神的に取り組めば，その仕事はまわりのために役立ちます。精神の深みがなければ自分の損得のためだけに働くことになってしまい，実際にはまわりの力にはなりません。本当に精神的に働くなかで自分自身と取り組めば，自分を失うことなくまわりに力を捧げることができます。「この仕事をやったら自分が損をする」などと考えつづければ，次の言葉の意味は本当にはわからないでしょう──「私を通しておまえ自身をこの世界に捧げるのだ」

（対極の暦　第17週）

＊　　天使のなかでも位の高い四大天使のなかのひとり。〈神の人〉の意。新約聖書のなかでは処女マリアのもとに現れ，神の子どもを宿したことを告げる天使です。絵画のなかではマリアの無垢を象徴した白い百合の花を持ってマリアの前に現れます。

冬

輝く魂の芽が
この世界の根底に根を下ろせるよう
恵みを授かった私の心は
崇高なる精神の光を
この宇宙の冬の夜へともたらしていく。
そして大いなる神の言葉は
この闇の世界のなかで
すべての存在を明るく変容させながら貫き，
響き渡っていく。

Zu tragen Geisteslicht in Weltenwinternacht
Erstrebet selig meines Herzens Trieb,
Daß leuchtend Seelenkeime
In Weltengründen wurzeln
Und Gotteswort im Sinnesdunkel
Verklärend alles Sein durchtönt.

第36週では私たちの仕事を崇高な精神の光で満たすことに取り組みました。そしてさらに自分自身をこの世界のために捧げることも。ということはクリスマス待降節であるアドヴェントの時期* はまわりからなにかをもらうのではなく、自分からなにかを捧げていく時期なのです。すべては精神の光に満たされなければなりません。もちろん、いつもそれがうまくできなかったとしても、つねにそれに取り組んでいこうとする努力が大切なのです。ロゴスの力である精神の光は、この世界の冬の夜を照らしだします。しかし外側から照らすのではありません。内側から照らすのです。光の源泉は人間です。人間の心のなかから輝きだすのです。

　輝く魂の芽が幼子として、この暗い世界の根底に根を下ろしたら、崇高な精神の光は個性を担います。個性を持った高次の精神の光が今度は人間の個性に実りをもたらすのです。ということは、この地上すべてのひとびとに恵みがもたらされるのです。

　自分のなかで輝く精神の光は、この暗い冬の世界の夜にもたらされていく光です。そして先週自分のなかで語られていた言葉は、すべての森羅万象を貫きながら暗い世界のなかで輝く、神の崇高な言葉だったのです。

　　言葉は神のもとにあった。
　　言葉は神であった。
　　すべてのものは言葉から生まれた。
　　（ヨハネによる福音書）　　　　　　　　　　　　　　　　（対極の暦　第16週）

---

*　　キリストが降誕する4週間前から始まるキリスト教の待降節。ドイツの風習では4本のろうそくのついたもみの木のリースをテーブルにおいて毎週日曜日ごとに1本1本ろうそくの明かりをともしていきます。クリスマスのある4週目の日曜日には4本すべてのろうそくに灯がともり、ひとびとはキリストの降誕を待ちのぞみます。

第38週　聖夜の情景

まるで魔法がとかれたように
私は魂のなかで
聖なる宇宙の言葉から生まれた
精神の子の誕生を感じる。
心のなかは明るさに満ち溢れ
私の本質である神の根底から
希望あふれる天の果実が育ちはじめる。
大いなる世界の彼方へと喜びの声を上げながら。

Ich fühle wie entzaubert
Das Geisteskind im Seelenschoß,
Es hat in Herzenshelligkeit
Gezeugt das heil'ge Weltenwort
Der Hoffnung Himmelsfrucht,
Die jubelnd wächst in Weltenfernen
Aus meines Wesens Gottesgrund.

神なる精神が魂を持ったいのちになります。宇宙の言葉が魂の懐のなかに神の子を宿します。霊的なものが魂になり，そしてついに身体を持つのです。身体を持った魂は父なる神の根底で安らぎます。精神，魂，身体——これが人間です。しかも4つめはロゴスの力が入った自我が加わります。

　言葉は精神であり，崇高ないのちです。母マリアは魂の存在です。その魂のなかに精神の子が生まれるのです。しかしまだクリスマスでは，精神の子は本当に肉体を担ったとはいえないのです。それが成就されるのはキリストの洗礼と復活祭のときです。

　ですからまだ「希望あふれる天の果実」なのです。しかしクリスマスには心のなかが明るさにみちあふれます。そうです，クリスマスは「心のお祝い」なのです。ですからマリアがとても重要な存在になります。純粋なる心を担っているからです。その心の明るさのなかで，「私の本質である神の根底」を感じるのです。心中の喜びは私たちのとても深い内側から湧きでます。私たちのなかで「希望あふれる天の果実」が喜びの声を上げるのです。まるで赤子が産声を上げるように。もちろん赤子の産声も喜びの声といっても過言ではないでしょう。自分のなかに精神の子の誕生を感じることが「魔法がとかれた」感覚なのです。父なる神の存在としての宇宙の言葉，そして精神の光が私たちのなかで息づいています。

　この織り成しあいが，まさにクリスマスの情景なのです。心のなかが明るさに満たされるクリスマスの情景なのです。

（対極の暦　第15週）

大いなる力に身をゆだね
宇宙の本質的な光を私は得ることができた。
思考の力は，はっきりと明確に育ち
私が本当の私自身になった。
そして，力強い思考を通して
私自身の感情が呼び覚まされてくる。

An Geistesoffenbarung hingegeben
Gewinne ich des Weltenwesens Licht,
Gedankenkraft, sie wächst
Sich klärend mir mich selbst zu geben
Und weckend löst sich mir
Aus Denkermacht das Selbstgefühl.

地球を人間と同じように見たとき，1年のなかで今がもっとも，地球が息を吸いこんだ季節にきているといえます。大地の力と崇高なる精神の力，人間の魂はこの2つの力のなかで生きています。春の時期，世界の美しさにみずからをゆだね，夏には自分自身を失い，そして冬には贈り物としての「自我の力」を授かります。その「自我の力」はまさに創造的思考のなかに生きている，「自我」自身です。「自我」の本来の姿は高次の精神であり，それは魂のなかで「思考の力」として体験されます。その「思考の力」が今まさに成長していきます。魂は思考しながら大いなる力，崇高なる精神へとつながり，はっきりと明確になり，力強くなっていきます。思考することは自分で自分自身をつくりあげる作業なのです。だからこそ「宇宙の本質的な光」を克ちとることができるのです。

　夏の時期，思考は自分のなかで，力としてではなく「夢」として体験されていました。その思考の夢は，まるで「自己を奪うかの如く」体験されました。しかし世界思考は目覚めながら働きかけていたのです。

　さて，冬の時期には自分の思考が目覚めていきます。なぜならば，自然界の力とではなく，崇高なる精神の力とつながっているからです。思考することで高次の精神とつながること，それは自己発見であり，自分自身の崇高なる力を見つけだすこと，といえます。私の思考は私のなかにある感情を呼び覚まします。それは，「私は自分自身である」——「私である」という確かな実感です。

　ここ3週間にわたる「聖夜の暦」をまとめていくと次のようになります。「精神の光を冬の夜にもたらすことに取り組む」「私は精神の子の誕生を感じる」「私は宇宙の本質的光を得ることができた」——精神の光を冬の夜にもたらすことに励み，魂のなかで崇高なる精神が誕生したことを感じたあと，本来の高次の存在である「私である」力，「崇高な自我の力」を光として得ていくことができるのです。

（対極の暦　第14週）

そして私が精神の深みにいるとき
私の魂の根底では
自分の虚しい幻想が
真心の愛の世界から生まれた
宇宙の言葉の炎の力で満たされていく。

Und bin ich in den Geistestiefen,

Erfüllt in meinen Seelengründen

Aus Herzens Liebewelten

Der Eigenheiten leerer Wahn

Sich mit des Weltenwortes Feuerkraft.

春と夏の季節に予感のなかで出会った高次の精神を，私たちは冬に体験します。しかも深い精神のなかで体験するのです。その精神は私自身を真の私に導いてくれます。しかしそれと同時に私のなかの小さな自己顕示欲の塊にも気づかせてくれます。しかもそれは虚しい幻想にすぎないということも。対極の夏の暦では「おまえ自身が精神的存在だということを探求せよ」と神々の真実の言葉が「精神の炎の世界から」炎のごとく燃えあがりながら教えてくれました。この炎は魂の奥深いところで燃えていました。今まさにその炎が，「宇宙の言葉の炎の力」として，私たちのなかで燃えています。そして自分の虚しい幻想を満たしてくれます。精神的なもので満たしてくれるのです。

　聖夜に授かったものを通して私たちは強くなっていきますが，それと同時に自分自身の問題ともこの時期出会うわけです。精神的に自分が発展するということは，自分の自己顕示欲も大きくなるのです。ということは道徳的に2倍も3倍も努力して自分自身と取り組んでいかなければいけないということなのです。

　その偏った自分を変えていける力はただひとつ，「愛の力」です。

　ここでもうひとつの世界が生まれます。知覚できる世界と霊的精神界の2つの世界の向かい側に生まれたもうひとつの世界，それが「真心の愛の世界」です。

　聖夜の日からヨルダン川の洗礼の記念日であり，東方の三博士の記念日でもある1月6日までの12日間は，これから始まる1年，いわば12カ月が夢のなかに映しだされているといいます（「聖なる12夜」と呼ばれます）。だからこそ，この1年が凝縮した時期に自分の虚しい妄想的な考えに取り組んでいかなければいけない，といえるかもしれません。

（対極の暦　第13週）

第41週

創造する魂の力が
深い心の底から湧きたち
大いなる神々の力を
人生のなかで
正しく生かしていくために
炎のように燃えあがる。
そして人と人との
あたたかい愛と
取り組みのなかで
その魂の力を私はさらにしっかりと築きあげていく。

Der Seele Schaffensmacht

Sie strebet aus dem Herzensgrunde

Im Menschenleben Götterkräfte

Zu rechtem Wirken zu entflammen,

Sich selber zu gestalten

In Menschenliebe und im Menschenwerke.

「創造する魂の力」はこの1月の時期，私たちが自分のなかにいちばん感じる力です。1月は自分の内側がとても強くなります，そしてなにかをつくりあげていこうとする意欲にみちあふれるのです。それとは反対に真夏のヨハネ祭の頃は，外の自然界が，私たち人間にとても強く働いていました。夏の強い日差しと，蒸し暑さのなかで，まわりと自分が一体になって，すっかり身をゆだねている状態でした。外に出れば暑さのなかで，ただボーっとして何も考えられなくなっていくような体験を私たちはしていたと思います。それはまさに，対極の夏の暦のなかにある「世界の美しい輝き」が，私たちに自分を失っていくよう，強く働きかけていたからでしょう。

　しかし1月は自分で外の世界に積極的に向かっていこうとします。なぜなら，秋には「ミヒャエル的勇気の力」が湧きでて，聖夜では魂のなかに「崇高な精神」が誕生したのを体験し，自分の内側が創造的な意欲にみちあふれました。そして今，まさに自分の力が生かせるこの世界で，行動しながらまわりとかかわっているのです。「人と人とのあたたかい愛と取り組みのなかで」。

　そして自分が世界を築きあげていくなかで，自分の魂の力をも，共に築きあげていることを実感します。

　ある大きな仕事のなかで成果を得たときに，その成果が，自分の個人的力ではなく，「自分のなかに生きている崇高な力が燃えあがったからこそできたのだ」ということに気がついたなら，まさに私の自我が，私自身をみずから，「創造していた」といえるのです。

　それはまさに東方の三博士が星に導かれていくイメージです。崇高な存在が降りてきてくれたことによって，ふたたび人間のなかに正しい考えと，愛の力，真実の行動がもたらされたことを，彼らはすぐに感じました。そしてその存在に心から感謝の気持ちを示し，祈りを捧げる。すべての行いのなかには，つねに大いなる力が働いてくれるということを彼らは何よりも深く理解していたのです。1月6日は東方の三博士の日です。私たちのなかの「輝く美しい星」を心からお祝いする大切な日なのです。

（対極の暦　第12週）

暗い真冬の季節のなかで
新たに生まれた私の力は
魂の強い創造の力を
この暗黒の闇のなかへともたらしていく。
そしてあたたかい心の営みを通して
感覚する世界のおとずれを予感する。

Es ist in diesem Winterdunkel

Die Offenbarung eigner Kraft

Der Seele starker Trieb,

In Finsternisse sie zu lenken

Und ahnend vorzufühlen

Durch Herzenswärme Sinnesoffenbarung.

自然界には何も現れてきません。冬の短い日照時間のなかでは、まだすべてが暗い闇に覆われているようです。まわりを見渡しても、枯れた風景しか見えません。しかし目に見えない地中では、大きな力がいきいきと活動しています。もちろんその力は、まだ固い木々のつぼみのなかにも感じられるでしょう。自然界は冬の時期、内側で活動しているのです。春への準備をしているのです。もし自然界がその活動をしなければ、春にあれほどたくさんの植物が育ってゆくことはできません。シュタイナーは、最初のシュタイナー学校において、担任の先生に植物学の授業について話をしました。

　子どもに植物の生長について話すとき、次の困難な事実を話していかなければなりません。地球と人間の意識状態（眠り、まどろみ、覚醒）を比較して授業をしていくのです。夜、人間が睡眠をするときと、植物界の夏の繁殖とを比較するということです。大地は夏眠り、冬目覚めます。人間の場合は眠ると魂は活動しなくなりますが、大地の場合は眠ると魂が活動を始めるのです。この魂の活動が春夏の植物の生長です。人間の魂の営みは、眠ると人間から抜け出ていきます。それはまさに夏の時期の大地の状態なのです。いきいきと植物が育つ夏の時期は、大地の魂が大地から出ていき、地球は眠るのです。それと反対に、日中、人間が目覚めているときは冬の地球と同じなのです。なぜならば地球の魂は、冬、地球のなかに戻ってくるからです。人間の夢をみるときと比較できる状態は地球の春と秋の時期です。

　冬こそが地球がもっとも力強くなっている時期です。呼吸でいえば息をたくさん吸っている状態。夏は地球が息をたくさん吐いている状態ともいえます。もちろん地球がいちばん自分のなかに力をためている時期だからこそ、「精神の子」が聖夜に誕生できるのでしょう。昔の人が魂のお祝いとしてのクリスマスをこの時期にもってきたのも深い意味があるのです。

　さらに渡り鳥たちは、わざわざ寒い北の国まで何千キロも飛んでいき、子どもを生みます。もしかしたら地中の力を感じているのかもしれません。このように冬の大地のなかで営まれる生命について教師は子どもたちに話していくのです。

　これらを考えていくと、今週の暦の意味がわかってくるでしょう。冬の大地のなかで営まれる目に見えない力を、私たちのなかに生まれた創造の力を通してみていくことが課題だということを。その行いは「イマジネーション」です。「イ

マジネーション」は創造力のなかで生まれてきます。自分がつくりあげるなかで生まれてくる力です。それとは逆に夏の時期はたくさんの「インスピレーション」を授かる時期といえるかもしれません。「インスピレーション」は聴く力です。ですから夏の暦のなかでさまざまな声が私たちに語りかけてきます。もうすぐ春が訪れます。この春の訪れを私たちのなかに生まれた「真心のあたたかさ」を通して感じていくのです。もしかしたら，この私たちの内的な真心のあたたかさを，地球が感じているのかもしれません。そして春から夏に向けて，地球は私たちからもらったこの「あたたかい熱」を引き継いでいっているのかもしれません。

　私たちのなかに輝く思考としての太陽が，まもなく春には外の自然界でふたたび輝きはじめるのです。そのことを感じはじめるのが，まさに今週からです。

（対極の暦　第11週）

深い冬のなかで
真の崇高なる精神は，あたたかくなりながら
この世界のすべてのものに
真心の力を通して，存在する力を与える。
そして魂の炎は，厳しい冬の寒さにも負けず
人間のなかで力強く燃えあがっていく。

In winterlichen Tiefen

Erwarmt des Geistes wahres Sein,

Es gibt dem Weltenscheine

Durch Herzenskräfte Daseinsmächte;

Der Weltenkälte trotzt erstarkend

Das Seelenfeuer im Mescheninnern.

先週は冬の時期，地球は深いところで目覚めている話をしました。もちろん枯れ果てた冬の世界を見れば，まるで自然は眠っているように，または死んでいるように感じるでしょう。しかし実際は逆なのです。地球の魂が，人間の魂と同じように，冬に目覚めるのです。ポプラの木の芽は，もう秋の時期に，固いつぼみをつけます。ぎゅっと自分の体を凝縮しながら寒い冬の時期を過ごすのです。まるですべての力をみずからのなかにとりいれるように。実際にそのつぼみに触れてみると，とても硬い力を感じます。ゲーテはちいさないのちのなかに大きな宇宙が映しだされているといいました。自然界のほんのちいさなつぼみのなかにも，地球の冬の目覚めを体験することができるのです。なぜなら地球も，冬，ポプラのつぼみと同じように，息をいっぱいに吸って力をためているからです。

　地球はただの物質ではありません。私たち人間もただの物質ではありません。両者に存在しているものは，魂と精神です。地球の内面に崇高なる精神が宿ったからこそ，私たち人間のなかにも崇高なる精神が宿ったのです。夏の時期，私たちのこの精神は外側の自然界のなかに身をゆだねていました。自然界が冷たく寒く凍ると，崇高なる精神は私たち人間のなかで目覚めるのです。そのときに生まれるのが心のあたたかさです。私たちの心があたたかくなるときはいつも，崇高な精神を私たちが担うときなのです。この崇高なる精神の炎は，聖霊降臨祭の時期（5，6月頃），鳩となって私たちのこうべの上に降りてきます。しかし今の時期，この崇高なる精神の炎は，人間のなかの「魂の炎」として私たちのなかで燃えあがるのです。知覚できる世界は今の時期，存在の影を薄めています。自然界の輝きは，私たちの心の力を通してのみ，その存在の力を獲得するのです。この心の力が私たちの思考です。私たちが思考すること——それは自然界に存在の力を持たせてあげること，いわば自然を救出することでもあるのです。私たちの心のあたたかさを通して自然界に存在の力をもたらしてあげるのです。

（対極の週　第10週）

新しい感覚の刺激を担いながら
高次の精神の誕生を胸に抱きつつ
澄み切った私の魂のなかでは
自分の思考の創造的意志が
この混乱しながら芽生えてくる世界のなか
今まさに，力強く湧きでてくる。

Ergreifend neue Sinnesreize
Erfüllet Seelenklarheit,
Eingedenk vollzogner Geistgeburt,
Verwirrend sprossend Weltenwerden
Mit meines Denkens Schöpferwillen.

この時期がまさに，魂のなかが明るさでいっぱいになるときです。崇高なる精神と心のあたたかさがつながっているからです。夏，魂は，今のような明るさを持つことはできませんでした。灼熱の暑さや感覚の刺激に身をゆだね，魂は霧やもやのようにぼんやりとしているだけでした。しかし今，クリスマスの深い体験が私たちのなかに生きています。そして崇高なる精神が聖夜に生まれた後，心の光である，「澄み切った私の魂」は，創造的になり，心深く新たな感覚の刺激を担います。そして春の訪れとともに生まれてくる，感覚する世界に，思考の創造的な力を刻印します。これから芽生えゆく自然界に私たちの思考の力を捧げるのです。

2月は，新たな自然界の力が誕生しはじめます。ですから，非常に混沌とした，カオスの状態です。「混乱しながら芽生えてくる」まさに人間が危険に陥りそうな状態です。実際，私たちが風邪などの病気にかかりやすいときもこの時期です。季節の変わり目がこれほど人間の体調や心情に影響する月はほかにないでしょう。

ある魔のような力が働いているといった状態です。しかし思考は，鮮明な魂のなかで，自分を築きあげながら，すべてを混乱させる存在たちと対抗していくことができるのです。

なにかが芽生えるとき，誕生するときには必ず危機の状態が訪れます。それはまるで子どもを生むお母さんが陣痛に苦しんでいる状態です。

いのちは混沌のなかから生まれるのです。　　　　　　　　（対極の暦　第9週）

高次の精神の誕生とつながり
私の思考の力はしっかりと深く根をおろした。
そして感覚のどんよりとした刺激を
明るく澄み切ったものへと変えていく。
もし，満たされた魂が
これから生まれてくる世界とひとつになりたいのなら
感覚するすべてのものに
この思考の光を渡さなければならない。

Es festigt sich Gedankenmacht
Im Bunde mit der Geistgeburt,
Sie hellt der Sinne dumpfe Reize
Zur vollen Klarheit auf.
Wenn Seelenfülle
Sich mit dem Weltenwerden einen will,
Muß Sinnesoffenbarung
Des Denkens Licht empfangen.

私たちの創造的意志を担った思考は，聖夜の光のなかで生まれた崇高なる精神の誕生とつながり，新しい力でみなぎります。崇高なる精神がまさに今，いのちある魂を担ったといえるからです。だからこそ深い冬の季節，私たちの思考は威力をまして，魂のなかがますますはっきりとしてきます。そしてこれから春とともに訪れる，感覚する世界の「どんよりとした刺激」をはっきりとしたものにしていくことができるのです。

　世界は冬の時期，ある意味では何もない枯れ果てた状態です。しかし，内側の魂はあたたかな聖夜の光に満たされています。夏の時期，人間は，外の自然界の光に照らされていました。秋と冬，人間は，ある意味では自分自身が太陽になります。春の訪れとともに新しく生まれてきたいのちに，私たちのいきいきした思考の光を照らしてあげるのです。それはどういうことかというと，私たちがしっかりと目覚めた意識で新しく生まれてくる世界を「観る」ということなのです。私たちの目がまるで思考の光のように，しっかりと観ることを通して，この世界を照らすのです。ゲーテはしっかりと「観る」ことを通して，「原植物」という理念にたどりつきました。

　本当に思考ができる人は，本当に「観る」ことのできる人です。

　実際，次の週はこの「観る力」が大きなテーマになってきます。

（対極の暦　第8週）

今まさに，この世界は
魂のなかで生まれたばかりの力に
麻酔をかけるように脅かしにくる。
だからこそ，記憶よ
深い精神の奥底から輝きながら現れでよ。
そして観る力を強く鍛え
意志の力を通して自分自身をしっかりと保ってゆけ。

Die Welt, sie drohet zu betäuben

Der Seele eingeborne Kraft;

Nun trete du, Erinnerung,

Aus Geistestiefen leuchtend auf

Und stärke mir das Schauen,

Das nur durch Willenskräfte

Sich selbst erhalten kann.

これから春の訪れとともに生まれてくる「感覚する世界」は，私たちの思考の力を必要としています。もしも私たちのその思考の力が弱すぎたら，1年を瞑想しながら体験していく魂はまさに危機に陥ります。草花が咲きだすまえの2月の季節，もうすでに目には見えない新たな力がこの大地でうごめいています。一見まだ枯れている状態に見えますが，見えない形で外の世界の力は圧倒的に強くなり，魂のなかはある意味麻酔にかけられてしまいそうになります。外の世界のなかには何も見えるものがない状態でも，うごめく新たな力によって，魂は意識をなくすような麻酔をかけられた状態になってしまうのです。まるでそれはある魔の力が，人間に襲いかかってくるようです。非常に危険な時期といえます。前にも出てきたようにいちばん病気がおきやすいのはこの時期です。シュタイナーはこの時期，悪の力アーリマンがいちばん勢力をあげて活動しいているといっています。

　太陽はうお座の位置にやってきます。うお座は今までのものが崩壊し，新しいものが誕生してくるしるしです。

　私たちの魂の中心にある自我は，人間を危機に陥れる力のなかで，おのれを失ってはいけません。しっかりと思考を働かせながら，魔の力の前に立ちはだからなければなりません。

　　だからこそ，記憶よ
　　深い精神の奥底から輝きながら現れでよ。

　この記憶とは，聖夜に生まれたあの「崇高な精神」への記憶です。記憶が光り輝くとき，意志の力は魂に強さをあたえます。どんなものにも怖気づかないしっかりとした自分自身を保っていけるようになるのです。目覚めて「観ること」，目覚めて「思考すること」を怠ってはいけません。　　　　　（対極の暦　第7週）

大地のふところから生命（いのち）が生まれ
生成の喜びが，感覚するものすべてに息吹をあたえる。
その喜びは，私のなかで強く生きる
大いなる力を通してしっかりと築きあげられた
思考の力と今，ここで出会う。

Es will erstehen aus dem Weltenschoße,

Den Sinnenschein erquickend Werdelust,

Sie finde meines Denkens Kraft

Gerüstet durch die Gotteskräfte

Die kräftig mir im Innern leben.

クリスマスと復活祭のあいだ，12月から，3月，4月のあいだのこの時期に，大きな出会いが生まれます。秋から冬へと私たちのなかで思考の力が活発になり，私たちの内面が強くなっていきました。それとは逆に外の自然は枯れ果てた状態でした。私たちの内側には「生命」があり，外の自然には枯れ果てた「死」がありました。しかし今，外の世界では新たな生命の誕生が始まりました。ということは，ここでの出会いは，「生」と「死」の出会いではなく，いきいきとした思考と，いきいきとした春の訪れの，いわば，「いのち」と「いのち」の出会いなのです。これこそが本当の喜びではないでしょうか。クロッカスの芽が出て，梅は咲きはじめ，陽だまりのなかでいのちは芽生えようとしています。新たな生命の力は混沌としていますが，12月の聖夜に誕生した「崇高な精神」が私たちのなかで生きているのを感じます。私たちのなかに大いなる崇高な力を感じながら，春の訪れを体験するのです。春の訪れを喜びとして感じることのできる人は，無意識であっても「崇高な精神の誕生」を感じているはずです。

　本当に「喜べる」ということは「私たちのなかに崇高な力を感じられる」ということだからです。

　魂はこの時期，人間の自我が麻酔をかけられることなしに，「生まれてくる喜び」を体験していきます。

（対極の暦　第6週）

はるか高い世界から魂のなかに流れてくる光。
その強い輝きのなかで
世界思考の確かな力よ
魂の謎を解きながら今ここに現れよ。
そしてその輝く光を集めていこう
人の心に愛の力を呼び覚ましていきながら。

Im Lichte das aus Weltenhöhen

Der Seele machtvoll fließen will

Erscheine, lösend Seelenrätsel,

Des Weltendenkens Sicherheit

Versammelnd seiner Strahlen Macht

Im Menschenherzen Liebe weckend.

シュタイナーの12の月の美徳のなかで，この時期の星座である「うお座」の美徳に「寛大さが愛になる」と語られています。この時期は，私たちが人間の美徳である「寛大さ」を学ぶのに，とてもふさわしい時期だとシュタイナーは言っています。なぜならば「寛大さ」を練習していけばその力は「愛になる」からです。愛は，練習することはできません。「今日から愛そう」は無理だからです。しかし寛大さはいつでも練習できます。なぜこの時期に寛大さを練習できるのでしょうか？　これは「光」と関係しています。日照時間が長くなったことからもわかるように，はるか高い世界から，光が人間にそそがれています。もちろん私たちのなかにも聖夜のときに授かった崇高な光は息づいていますが，永遠のように長くはその輝きを保つことはできません。その証拠に，魂は2月に大きな危機にさらされるからです。私たちには新しい光が必要です。愛は光のなかから生まれます。愛は違う形の光であり，まさに「個性化した光」なのです。たくさんの光を集めると魂は熱くなります。熱くなった光は愛となってめらめらと燃えあがっていきます。愛は熱です。光は冷たい存在ですが，私たちのなかに入ると熱くなります。あたたかさはすべてを優しく包みます。だからこそ愛の根源である光がそそがれることによって，すべてを包みこむあたたかさを持った，寛大さを練習することができるのです。

　黄道十二宮では「うお座」は「いちばん最後の星座」として取りあげられています。しかも，うお座の象徴は，「ひとつのものが終わり新たなものが始まる」象徴でもあるのです。なにかが終わりなにかが始まる緊張した雰囲気のなかで，魂は自分の存在の謎を体験します。その謎を解くことができるのが「世界思考の確かな力」なのです。「世界思考の確かな力」は私たちのなかにはありません。ですから「現れよ」と，呼んでいるのです。なぜなら世界思考は大いなる力，神の叡智だからです。叡智は愛の前提条件です。叡智は光のなかで生きています。このように「光」「叡智」「愛」のすべては深くつながっています。ですからこの時期，〈魂の暦〉にも12の月の美徳にも「愛」の言葉が入っているのは偶然ではないのです。真の「寛大さ」は縛りつけません。自由にさせます。神は人間に自由を与えてくれました。

　そして私たち人間は？

（対極の暦　第5週）

私のなかのはっきりとした思考が語る
「世界存在のすべての力を感じる」と。
暗い宇宙の夜に成長したみずからの精神を
深く考えていきながら
これから明るくなっていく世界に
内なる希望の光をもたらしていく。

Ich fühle Kraft des Weltenseins:

So spricht Gedankenklarheit,

Gedenkend eignen Geistes Wachsen

In finstern Weltennächten

Und neigt dem nahen Weltentage

Des Innern Hoffnungsstrahlen.

大地のふところでは「生成の喜び」が，もう一方では，はるか高い世界から「魂にそそぎこまれる光」が——このように私たち人間は大地から来る力と天から来る力の両方の力を感じます。

　だからこそ，私たちのなかのはっきりとした思考は，「世界存在のすべての力を感じる」と，語っているのです。

　しかもこの思考の力は聖夜に生まれた崇高な精神を通して，世界思考の確かさを感じることもできました。

　そしてその，聖夜に生まれた崇高な精神を，ここでも魂は深く考えていきます。なぜならば崇高な精神は，新しく生まれた大地の「生成の喜び」との出会いを通して，いま大きく変わっていこうとしているからです。この季節，すべてのものが変化し，新しく生まれ変わろうとしています。日本の国では終業式や卒業式がこの季節にあることはとても深い意味があるでしょう。ひとつのものが終わり，新たなものが始まる大切な時期だからです。入学式のとき桜が咲くのは，なんともすばらしいことです。まさに新たな誕生が，自然界にも人間にも起こっているからです。自然も新たに生まれ変わろうとしています。木々の芽もますます膨らんできました。私たちのなかに希望の光が生まれます。新しいいのちへの希望です。陽は高いところで輝きだし，日照時間はどんどん長くなっていきます。喜びに満ちながら私たちは，これから近づく明るい世界に向けて希望の光を送ることができるのです。

（対極の暦　第4週）

世界存在の生成の喜びが
力をみるみるふくらませ
すべての生命を呼び起こしながら
人間の自我にこう語りかける。
「冬のかたくなな魔法から
解放された私の生命を
おのれのなかに担っていけ。
そうすれば私の真の目標がまさに達成されるであろう」

Es spricht zum Menschen-Ich,
Sich machtvoll offenbarend
Und seines Wesens Kräfte lösend,
Des Weltendaseins Werdelust:
In dich mein Leben tragend
Aus seinem Zauberbanne
Erreiche ich mein wahres Ziel.

今週，自然は私たちに大きな秘密を語ってくれます。

　自然はつねに私たち人間にその秘密を訴えかけています。私たちはその声に気づかないだけです。いったいそれはなんでしょう。

　それは自然が人間に助けをもとめているのです。自然界の鬼や，妖精たちが人間の子どもを求める民話やメルヘンは，自然が人間を必要としていることを語っています。なぜならば私たちは，自然界が持つことのできないものを内に担っているからです。それはなんでしょうか？

　思考をしている人間の「自我」です。

　私たちがチューリップを観るとき，チューリップの理念が私たちの目に映しだされます。たとえば私たちがこのチューリップの理念を思考を通して獲得したら（たとえばユリ科の植物はつねに六芒星形を形成している），チューリップはその瞬間助けだされるのです。まるで王子様の魔法がとかれたようにチューリップは救出されます。自然は人間がいなければ生きていけない。自然のみでは存在しないのです。私たちが思考することを自然は望んでいるのです。この考えはすぐには納得できないかもしれませんが，長い月日をかけて取り組んでいけるテーマです。しかしここ何年かにわたって起こる自然の大災害を見ていくと，自然が悲鳴を上げて私たちに訴えていることがわかるでしょう。自然は人類に目覚めてほしい，物質的なものだけでなくもっと精神的なものに取り組んでほしいと，もしかしたら声をあげて叫んでいるのかもしれません。私たちの魂がそれに気づいたら，世界はそれに喜んで答えます。それが世界生成の喜びです。はっきりとした思考のなかで，いのちあふれる生成の喜びの語る言葉が理解できるようになります。新しく生まれるいのちは力にみなぎっています。

　春の訪れなのです。そうです！　今，まさに春がきました。

　冬はある意味では大きな魔法使いといえるでしょう。すべてのいのちをがんじがらめにします。

　自然は人間になりたいのです。それが自然の真の目標です。自然は人の魂の中核で，人間の自我とひとつになることを目標としているのです。

（対極の暦　第3週）

春を待ちのぞむ

第51週　春を待ちのぞむ

人間の内なる本質へ
外界の豊かな感覚する力がそそぎこまれる。
世界精神は人間の目のなかに
映しだされた自分を見つけ
人間はこの世界精神からあらたに
本当にしっかりと観ることのできる力を
築きあげなければならない。

Ins Innre des Menschenwesens
Ergießt der Sinne Reichtum sich,
Es findet sich der Weltengeist
Im Spiegelbild des Menschenauges,
Das seine Kraft aus ihm
Sich neu erschaffen muß.

今は復活祭の前の時期にあたります。私たち人間の魂は冬の時期，明晰な思考を持ちはじめました。その明確な思考のなかに今まさに，外側の感覚する世界，新しい生命の誕生が押し寄せてきます。しかし私たちが明晰な思考を持っているといっても，思考自体は，はじめの段階では私たちの日常生活の写し絵だけの存在です。物質は朽ち果てます。私たちの思考が「物事を考える」というように，物に依存している限りは，私たちの思考も朽ち果てるはかないいのちを持っています。

　人間は自分の目に見えたものをまず考えます。しかし私たちの目に映されたものは，物質界のものであって，本当の真実ではありません。世界精神が「人間の目のなかに映しだされた」像のなかにみずからを見出すということは，もし「人間の目のなかに映しだされた」像が世界精神から力を貰わなかったら，まったく真実ではないもののなかにいることになります。しかし思考することを通して，人間の目は世界精神から力を貰うことができます。ここでもまた第46週のように本当にしっかりと目覚めて「観る」取り組みが必要になってきます。「観察する」ということは観ることのなかにすでに思考の力が入っているということです。感情的に見ているだけでは，「あばたもえくぼ」のように本当に事実を見極めることはできません。しかし私たちは日常生活のなかでどれほど頻繁にそうしてしまっていることでしょう。場合によっては自分の都合のいいようにしか見ない場合もあります。見るという行いは非常に個人的な偏りに陥りやすい行為です。

　R. シュタイナーの『神智学』に「人間の本質」という章があります。

　　物事を気に入るか気に入らないかで見るのではなく，落ち着いた平等な見方で観察し，まるで崇高な存在がそれを観ていくように，対象物の存在と活動の神秘がベールを明かすように観る。

　これがまさに今の季節の私たちの新たな課題ではないでしょうか？　なぜならば，まさにそれを行う私たちは「世界精神からあらたに本当にしっかりと観ることのできる力を築きあげ」ることをしているのですから。　　　（対極の暦　第2週）

深い魂の奥底で
高次の精神は世界存在へと向かい
遠く広がる空間から輝く美がほとばしる。
するとはるか天の彼方から
生命の力が人間の身体へと流れこみ
力強く働きながら
高次の精神と人間の存在をひとつにする。

Wenn aus den Seelentiefen

Der Geist sich wendet zu dem Weltensein

Und Schönheit quillt aus Raumesweiten,

Dann zieht aus Himmelsfernen

Des Lebens Kraft in Menschenleiber

Und einet,machtvoll wirkend,

Des Geistes Wesen mit dem Menschensein.

クリスマスから復活祭のあいだをまとめてみましょう。まずクリスマスの時期には魂は崇高なる精神を抱きます。そして真冬の1月を越え2月頃には春が訪れます。はじめはおぼろだった春の訪れは、しだいに豊かなものに変わり、私たちはこの生命を自分の内面へとりいれてゆきました。一方で高次の精神は冬の時期、人間の魂の奥底に、深く入っていきました。今まさに、この精神は、新しく生まれる世界に向かって旅立っていくのだ、といえるでしょう。

　シュタイナーは、大地の上で私たちが思考と取り組んでいくことが、つねに死せるものを命あるものに変容させていく、といっています。生身の肉体をまとう私たちが精神的取り組みをすれば、この地上にある、すべてのものに生命の息吹を送り、死後その力は高次の精神界の存在たちにとって大きな力になる、とまでいっているのです。これは本当にすばらしいことです。なぜなら、私たちが思考するということは、先週出てきたように、自然界を助けるだけでなく、高次の崇高な霊的存在たちをも助けていることになるのですから！

　天使は私たちが思考することを望んでいるのです。思考しつづけるのなら死後、私たちの霊は個性化します。魂は無にかえっていくのではないのです。霊的世界をも助ける力になっていくのです。この魂が個性を持ち、不死になること。これが復活祭のテーマです。しかも、高次の精神が私たちの魂から世界存在に向かうとき、まさに美が湧きでているのです。私たちのまわりに広がる春の草花の輝きは、私たちの高次の精神の目に見える現れだ、ということができるでしょう。しかしこの地上だけではありません。天からも大いなる永遠の生命が流れてきます。復活祭のとき、この生命の力は、「高次の精神と人間の存在」をひとつにする力としてその威力を発揮します。

　天ではこの時期、大天使ラファエル*がメルクリウスの杖**を持って世界を癒すために働きかけています。復活祭の時期、私たちが大いなる「崇高な精神」とひとつになることができたら、1年の四季を体験する魂は、癒しの力をつくりあげることができるかもしれません。高次の精神はこの復活祭で人類とつながり、朽ち果てる肉体の力に新たな生命の息吹を贈っているのです。(対極の暦　第1週)

*　　天使のなかでも高い位を持った四大天使のなかのひとり。癒しの天使と呼ばれ旧約聖書のトビアス物語で活躍します。旅の守護天使でもあります。
**　　治療の象徴。

日本語版へのあとがき

　2003年の秋から2004年の夏まで約1年間に及ぶ日本人対象の教員養成ゼミナールがニュルンベルクで行われました。その間，ニュルンベルクのアントロポゾフィー協会でも，そこでの23人のゼミナリストを対象に，1年間のアントロポゾフィーのセミナーが開かれました。日本人ゼミナリストは私のもとで1年間かけてルドルフ・シュタイナーの〈魂の暦〉を瞑想することに取り組んでいったのです。そこでは拙著『瞑想——芸術としての認識』をもとにして毎週毎週深く〈魂の暦〉を瞑想する練習がなされました。そこで何よりもなされたのは，それぞれの週の〈魂の暦〉の内容のなかに息づく思考の流れを，自分の言葉で表現する取り組みでした。なぜならばこの暦は1回読んだだけでは理解することが困難ですので，何回も読み返しながら，自分自身の言葉を使って，この暦が何を言っているのかを一人ひとりが追求していくのです。実際に参加者はそこで自分自身の「日本語訳」をつくっていくことを始めました。その作業を通して一見難しく思われるこの〈魂の暦〉の講座は参加者にとっていきいきとした時間になっていきました。

　この本はすでにドイツ語で出版されています。しかし日本語版ではさらにこの1年間の講座で話された内容を付け加えることにしました。なぜなら講座の中で話された内容を通して日本人の参加者が〈魂の暦〉とよりいっそうつながることができたからです。この日本語版はニュルンベルクで行われた1年間の講座の内

容が付け加わった実り豊かな果実となったわけです。この場を借りて通訳の鳥山雅代女史と1年間の内容を書きとめつづけたセミナーの参加者の方に厚くお礼申し上げます。

　この〈魂の暦〉には，シュタイナーが出版した当時の週ごとの日付がしるされていますが，これをかたくななものとしてみることはしません。もちろん始まりはイースター，復活祭の時期です。しかしそれぞれの週の暦は必ずその前とその後の週の暦とつながっています。ということは，ここで重要なのはその週だけでなく，その前後の週を読むことです。そうすればより深く，暦と自分がつながってゆけるのです。さらに前後だけではなく「対極の暦」にも取り組んでいくことによって，それぞれの暦の中に静かに息づく真実が皆さんの前に明かされていくでしょう。しかしそこまで至るには，12の月のなかの「忍耐」という美徳が必要になってきます。

　私たちの通常の思考は物質的なものにとらわれていますが，瞑想を通してその思考が精神的なものに広がっていく可能性が生まれてくるのです。そして1年のカレンダーは私たちの「魂のカレンダー」になるのです。地球が呼吸していることを私たちの魂は外的でなく内的に体験できるのです。しかもそれは思考を通して可能になるのです。私たちいのちを持った人間が息を吸って息を吐くように，いのちを持った地球も息を吸って息を吐きながら宇宙のなかで1年間の営みを続けているのです。その自然界のプロセス，その地球の営みを私たちが瞑想を通して真に体験していけば，ドイツのロマン派の詩人ノヴァーリスが語ったように人間はいつか「自然の救世主」になれるときがくるでしょう。この本が日本で〈魂の暦〉を取り組まれるかたがたに少しでも手助けになれば幸いです。

2005年秋

マンフレッド・クリューガー

訳者あとがき

『魂の暦』はこれまでにも日本語訳で幾度か出版されていますが，本書『《魂の暦》とともに』（Manfred Krüger, *Die Seele im Jahreslauf*, Dornach, Pforte Verlag, 2002）は，マンフレッド・クリューガー氏の解説が付された新しいかたちの1冊となっています。氏は現在に至るまでの7年間，日本人を対象とした『魂の暦』の講座を日本とドイツにおいて継続して行ってきました。氏のあとがきにあるように，この取り組みは，2003年から2004年にかけては1年にわたってドイツで続けられました。本書は，ある意味で7年に及ぶ氏と日本人とのあいだの『魂の暦』を通じた共同作業が豊かに実を結んだものといえます。

氏は参加者に「自分の思考を通して暦を理解する」ことをすすめ，思考することが難しいという日本人にも，具体的でわかりやすい表現をつかって語りかけてきました。参加者がひとりでも多く，思考を通して暦に親しめるようになることに力を注いだのです。なぜならこの暦は，単なる日常生活から湧き起こる素朴な感情を通して理解することは不可能だからです。週ごとの言葉の内容は，まさに「思考を通して」しか理解することができません。そしてその思考のプロセスを辿ったのちにはじめて，「高貴な感情」が湧いてくるのです。

ルドルフ・シュタイナーは『神智学』でこう述べています——

　　もっとも高貴な感情は，それ自体がただ単に自然にわきあがってくるのでは

なく，エネルギーを持って思考活動に取り組んだ者だけが獲得できるものなのである。

〈魂の暦〉の「魂」とは，この日常生活を超越したところに生きる私たちひとりひとりの，高次の魂のことを言っているのです。クリューガー氏の解説は，このプロセスを誰もがまさに自分の今生活している場所で行えるように配慮された新たな形式をとっています。

　教育の場でも〈魂の暦〉は活かされています。現在ドイツ国内でのシュタイナー学校の数は，ほぼ200校に近づいていますが，その大半のシュタイナー学校の教師たちは，朝の会と，そして職員会議の始めに，この〈魂の暦〉に耳を澄ませているのです。R. シュタイナーは初期のヴァルドルフ学校の教師たちに向かってかつて次のように語りかけました。

　　授業がうまいかうまくないかということが子どもにとって決定的なことではないのです。子どもの呼吸や目覚め，眠りのリズムが宇宙との関係にあるということに注目し，それに取り組むことこそが授業を受ける子どもたちにとって本質的なのです。

　　毎朝皆さんが教室のなかに入っていくとき，どうぞ皆さんの個人的問題の詰まったオーバーをロッカーにかけてから入ってください。たとえば皆さんが昨夜，奥さんと喧嘩しただとかで皆さんのいやな気持ちを教室に持っていく場合があるでしょう。しかし授業においてはそれらをすべて忘れてください。決して皆さんの個人的な日常を教室にいる子どもの前に持っていかないでください。

　教師たちは〈魂の暦〉に取り組むことで，自然と宇宙のリズムを意識し，それらとつながっていく力を自分のなかに呼び起こさせます。そして日常の個人的な問題を教室に持っていかず，生き生きとした新鮮な授業を通して子どもの前に立つことを毎日試みているのです。このように，この〈魂の暦〉はシュタイナー教

育を心のそこから実践しようとする教師たちの大きな支えになっています。なぜならシュタイナー教育の源泉であるアントロポゾフィーは人間のなかに生きる精神的なものを，宇宙のなかの精神性に導くひとつの認識の道だからです。〈魂の暦〉はまさにその認識の道を切り開くためのひとつの可能性を私たちに示してくれているといっても過言ではないでしょう。

　訳出にあたっては，以上のような観点から思考の流れを意識してたどる翻訳をこころがけました。また，訳者はオイリュトミストとしての16年の活動のあいだに，R.シュタイナーがつくった52週のフォルムの大半を舞台で表現する機会に恵まれました。ですからこれらの訳は「オイリュトミーを通して生まれてきた」ともいえるでしょう。興味深いことに夏の暦は比較的少人数で行われる傾向を持ち，第10週ではわずか2人だけのフォルムになります。逆に冬の暦は大人数で行われる傾向を持ち，第38週の聖夜の暦ではその数はなんと7人にも及びます。言葉のなかに生きる宇宙の力を表現するオイリュトミーという運動芸術を通して，この〈魂の暦〉のなかに生きる思考は，芸術的に高められながら，舞台の上で「動き」として表現されます。そうです，いのちを持った思考はまさに「動き」そのものなのです。

　この場をお借りして，本書刊行の意義を認め出版を実現してくださった水声社の社主鈴木宏氏に心から感謝の意を表したく思います。そして深い理解と細やかな心配りで，ドイツと日本のやり取りを行いながら本当に丁寧な本に仕上げてくださった編集者の賀内麻由子さんにも心からお礼申し上げます。
　最後にこのクリューガー氏の講座をドイツと日本で7年間継続して開催しつづけて下さった東京賢治の学校自由ヴァルドルフシューレの皆さんに篤くお礼申し上げます。

2005年12月

鳥山雅代

著者／訳者について──

マンフレッド・クリューガー（Manfred Krüger）　1938 年，ケスリン（現ポーランド領）に生まれる。2019 年，ニュルンベルクに没する。ハイデルベルク大学，テュービンゲン大学で哲学等を学ぶ。ドイツ人智学協会代表理事等を経て，ニュルンベルク人智学協会代表理事，ゲーテアヌム精神科学自由大学美学部門委員などを歴任。主な著書には『瞑想──芸術としての認識』（*Meditation - Erkenntnis als Kunst.* Ogham Stuttgart, 1983），『ノヴァーリス──高次の意識への道』（*Novalis–Wege zu höherem Bewusstsein.* Freies Geistesleben, Stuttgart, 2008），『哲学的読本』（*Philosophisches Lesebuch.* Roderer, Regensburg, 2019）などがある。

鳥山雅代（とりやままさよ）　1968 年，東京に生まれる。現在，東京賢治シュタイナー学校で，オイリュトミーおよび高等部の文学，美術教科を担当。ミュンヘンのオイリュトミー学校に学び，1994 年から 2007 年まで，ドイツのシュタイナー学校でオイリュトミーを教える。主な著書に『シュタイナー教育入門　Ⅰ』（2020），『シュタイナー教育入門　Ⅱ』（2021），『シュタイナー教育入門　Ⅲ』（2022，いずれも田原出版），訳書にマンフレッド・クリューガー『瞑想──芸術としての認識』（水声社，2007）などがある。

装幀　齋藤久美子

『魂の暦』とともに

2006 年 2 月 15 日第 1 版第 1 刷印刷　2006 年 2 月 25 日第 1 版第 1 刷発行
2023 年 2 月 20 日新装版第 1 刷印刷　2023 年 3 月 1 日新装版第 1 刷発行

著者───────マンフレッド・クリューガー

訳者───────鳥山雅代

発行者──────鈴木宏

発行所──────水声社

　　　　東京都文京区小石川 2-7-5　郵便番号 112-0002

　　　　電話 03-3818-6040　fax 03-3818-2437

　　　　[編集部] 横浜市港北区新吉田東 1-77-17　郵便番号 223-0058

　　　　電話 045-717-5356　fax 045-717-5357

　　　　郵便振替 00180-4-654100

　　　　URL http://www.suiseisha.net

印刷・製本──ディグ

　　　　ISBN 978-4-8010-0711-6

　　　　乱丁・落丁本はお取り替えいたします。